Thomas Montasser
Weil die Erde keine Google ist

Thomas Montasser

WEIL DIE ERDE KEINE GOOGLE IST

Lob des analogen Lebens

HEYNE ‹

Verlagsgruppe Random House FSC-DEU-0100
Das für dieses Buch verwendete
FSC®-zertifizierte Papier *EOS* liefert Salzer Papier, St. Pölten, Austria.

Copyright © 2010 by Wilhelm Heyne Verlag, München,
in der Verlagsgruppe Random House GmbH
Redaktion: Dr. Annalisa Viviani, München
Umschlaggestaltung: Büro Überland, München
Satz: EDV-Fotosatz Huber/Verlagsservice G. Pfeifer, Germering
Druck und Bindung: Pustet, Regensburg
Printed in Germany 2010
ISBN 978-3-453-17863-2

www.heyne.de

Inhalt

Wovon Söhne träumen

Erhobene Augenbraue. Wissendes Lächeln. Mein Sohn, fünfzehn Jahre alt, weiß mal wieder mehr als ich. »Was meinst du, wann wird man Menschen von einem Ort an einen anderen beamen können?« Kein Zweifel, dass es eines Tages so weit sein wird.

»Ich hoffe nie«, sage ich.

»Wieso?«

»Wieso nicht?«

»Nein, wieso hoffst du das?« Er ist ehrlich erstaunt. Dabei kennt er mich ja nun schon eine gute Weile und sollte also gar nicht erstaunt sein. Denn dass ich in technischen Fragen fast immer ganz anderer Ansicht bin als er, ist ihm auch schon aufgefallen. Negativ zumeist. Denn meine Technophobie ist für ihn eine Art Spaßverhinderungsfaktor, mit dem er immer rechnen muss, allerdings meist nicht rechnet. Wenn er ein neues Computerspiel kauft oder – noch schlimmer – aus dem Internet herunterlädt, dann sind wir beide immer ganz weit auseinander. Er ist gefesselt, gebannt, fasziniert, ich bin gelangweilt, bestürzt und genervt. Oder wenn er ein neues Handy will, einen neuen MP3-Player oder sonst ein neues technisches Wunderwerk: Er kann Elogen darauf singen, meine Worte sind eher nicht zitierfähig.

Ich habe mich lange gefragt, warum er so anders ist. Schließlich bin ich darauf gekommen: Ich bin anders. Anders als er, anders als meine Tochter oder auch meine Frau, anders als diese ganze Zeit, in die mich ein ironisches Schicksal verschlagen hat, obwohl ich nach den himmlischen Regeln zwei Generationen früher hätte zur Welt kommen müssen, vielleicht auch fünf. Meine Liebste nennt mich gern »Mein Thomas von 1902«. Ich korrigiere sie dann mit den Worten: »Dein Thomas von 1801«. Denn ich sehe es ja ein, ich bin unzeitgemäß. Und auch wenn sich Eigenlob wegen eines fragwürdigen Zitats olfaktorisch disqualifiziert hat – ich finde, das Unzeitgemäße hat durchaus sein Gutes. Denn es lohnt sich einfach, altmodisch zu sein!

Musik ist etwas ganz anderes

Neulich mit meiner Tochter im Jupiter-Markt. Ich kämpfe mich tapfer gegen die nervenzerfetzende Beschallung zu den Tonträgern vor, während sie sich schon mal bei den PCs umsieht. Denn sie ist zwölf, hat eisern gespart, clever um Zuschüsse geworben – und jetzt will sie endlich ihren ersten eigenen Computer (auch, weil ich ihr meinen nicht mehr geben will, seit ich nach ihren diversen Installationen kaum mehr weiß, wie ich mein eigenes Zeug darauf noch finden soll).

Die CD hat die Musikindustrie ja letztlich ruiniert. Das heißt, eigentlich war es nicht die CD selbst, sondern nur ihre Besonderheit, die Digitalisierung. Früher gab es Platten (weshalb ich zur steten Irritation meiner Abkömmlinge auch heute noch vom »Plattenladen« rede, in dem ich mir meine CDs kaufe). Das waren Zeiten! Diese schönen, großen schwarzen Scheiben, die in noch größeren Papphüllen steckten, deren jede ein Kunstwerk zu sein versuchte. Viele waren es ja auch. Heute muss man sich die

Covers mit der Lupe ansehen, das wirkt natürlich längst nicht mehr so verführerisch, wie die Plattenhüllen von einst. Man hat die Vinylscheiben vorsichtig mit Daumen und Mittelfinger genommen und sacht mit dem nackten Unterarm vom Staub befreit, ehe man sie ebenso behutsam auf den Plattenteller legte. Wenn eine solche Schallplatte »hing«, dann wusste man, woran das lag: Sie hatte einen Kratzer, eine meist auch sichtbare und unheilbare Verletzung, die ein Lied, manchmal auch zwei Lieder, selten eine ganze Seite der Platte ruinierte. Der Rest ließ sich immer noch so gut abspielen wie ehedem.

Heute ist das anders: Meine CDs hängen auch. Aber sie knacken nicht, sie spielen auch nicht eine Liedzeile immer und immer wieder. Stattdessen werden ganze Passagen wiederholt, eine Arie aus der *Bohème* ist plötzlich doppelt so lang – oder die Scheibe funktioniert gar nicht mehr, während andere CDs durchaus mehr oder weniger problemlos vom selben Gerät abgespielt werden. Was passiert da? Was macht die Technik, das ich nicht verstehe? Ist es nicht eigentlich so, dass die Lasertechnologie, die hier angewandt wird, all diese »Kinderkrankheiten« der alten Vinylplatte abschaffen sollte? Mit Unzulänglichkeiten kann ich leben. Aber ich hätte schon gern begriffen, was nicht funktioniert. Ich möchte den Fehler sehen, verstehen – im Idealfall natürlich auch beseitigen können. Und wo Letzteres nicht funktioniert, da will ich Freunden mein Leid klagen können, ohne um Worte ringen zu müssen, weil ich eben gar nicht mehr weiß, was ich da eigentlich konkret beklage. Also beklage ich den Umstand als solchen. Hiermit. Und lauthals. Ja, Musik, das war mal etwas, das man gemacht hat: mit der eigenen Stimme oder mit Hilfe eines Instruments. Dann kam die Technik ins Spiel und ermöglichte vielen, Musik zu hören, die sie sonst nie im Leben gehört hätten: Opern, Konzerte, Volksweisen aus fernen Ländern. Ein Triumph des Fortschritts, keine Frage. Und dann trat die Digitalisierung auf den Plan. Doppel- und Mehrfachalben kamen aus der Mode. Alles musste jetzt zwingend 74 Minuten lang sein. Höchstens 80. Allerhöchstens 90, aber dann war definitiv Schluss. Auch bei der *Götterdämmerung* oder der *Zauberflöte*. Damit das Ganze noch irgendwie bezahlbar war. Schließlich sollte es ja auch irgendwie von der Musikindustrie »kalkuliert« werden können. Und dann kamen die Soundfiles. Ich gestehe: Auch die spucken Töne aus. Aber erstens hört man sie praktisch nur noch am Computer (mit entsprechend schlechter Tonqualität) oder mit Kopfhörern (denn was aus dem PC rauskommt, will ja neuerdings immer in einen Minicomputer namens MP3-Player rein). Und zweitens sind die Bässe weg. Das, was wir mit dem Rock 'n' Roll Sozialisierten als die Erotik der Musik begriffen haben, fehlt deshalb. Es klingt immer ein bisschen nach Kastratensound. Aber vielleicht sollte man nicht so zimperlich sein. Denn im Geräuschdurcheinander des Alltags, das noch irgendwie vage an den Stöpseln vorbei ins Ohr dringt, ist für tiefe, raumgreifende Tonvolumina ohnehin keine Verwendung mehr: Man hört sie schlicht nicht.

Mir fällt auf, dass die meisten Kinder gar nicht mehr singen können. Das wundert mich auch nicht. Denn wer sich ständig die Ohren verstopft, hört bekanntlich die eigene Stimme nicht. Mein Verdacht, dass die Stöpsel angesichts der Musik, die die Jugendlichen heute hören, vor allem dazu gedacht sind, das völlig erweichte Gehirn nicht herausfließen zu lassen, hat sich gottlob nicht bestätigt. Soweit ersichtlich, ist bei meinen Kindern bisher zumindest alles dringeblieben. Leider nicht die Musik. Die wabert trotz MP3 wie zu meinen eigenen Jugendzeiten durchs ganze Haus. Na ja, eigentlich hämmert sie eher. Aber das hat sie zu meiner Zeit auch getan.

Einstmals hat man Musik in Dezibel gemessen oder – noch schöner – in Phon. Heute misst man sie in Megabites. Sie setzt sich inzwischen zusammen aus den Zahlen 1 und 0, wird also zum binären Phantom, und ich werde den Verdacht nicht los, dass mit der Beschallung durch solchermaßen verfremdete Musik eine Codierung der Menschen verfolgt wird. Könnte es nicht sein, dass hinter den Songs von Bands, die auf Namen hören wie *Ohrbooten* oder *Blumentopf* ein großangelegtes Programm der CIA steht, das – von der amerikanischen Computerindustrie gesponsert – nichts anderes als den Zweck verfolgt, uns Erdenmenschen in weltraumfähige Halbextraterrestrische zu verwandeln, die dann an digitale Stationen im Orbit angedockt werden können, um dort ihre Aufträge als humanoide Roboter aufgespielt zu bekommen? Wer weiß schon wirklich, was die Spaceshuttles in den letzten Jahrzehnten alles ins All transpor-

tiert haben und was auf der ISS tatsächlich experimen-
tiert wird. Wofür steht überhaupt ISS? Irres Sound
Spektakel? Implanted Sound Server? Schwer zu sagen,
was die da oben machen. Am wahrscheinlichsten ist,
dass es nur ein Asyl für Musikgeschädigte unserer Zeit
ist. Es soll ja ziemlich ruhig zugehen in den Weiten des
Weltalls.

Computerspiele

Was immer es ist: Ich finde etwas daran auszusetzen. Meist, dass es bessere Spiele im echten Leben gibt. Wobei das natürlich schon die Wurzel unserer Divergenzen ist. Denn mein Sohn kann keinen Unterschied zwischen seinen virtuellen Ausflügen und dem von mir so genannten »echten Leben« erkennen. Für ihn ist der Chat mit Freunden mindestens genauso gut wie das Telefongespräch. Eigentlich eher noch besser. »Telefonieren ist peinlich!«, erklärt er mir, was mich überrascht und einigermaßen ratlos zurücklässt. Selbst jetzt, da ich versuche, meine Gedanken geordnet zu Papier zu bringen, mag mir nicht einleuchten weshalb Telefonieren peinlich sein könnte. Aber meine Tochter pflichtet ihm bei. »Lass gut sein, Paps. Das verstehst du nicht. Dafür bist du zu alt.«

Ja, das Gefühl beschleicht mich auch zunehmend. Der fatale Satz »Als ich in deinem Alter war ...« fällt in unserer Familie immer öfter. Und ich bin in der Regel derjenige, der ihn sagt. Es ist ja nicht so, dass ich täglich

Schach gespielt hätte oder Go. Und die bescheuerte Würfeldreherei, die in meiner Jugendzeit irgendwann um sich gegriffen hat, war auch nicht viel besser als das Daddeln vor dem Computer heute. Und doch: Es war eine im wahrsten Sinn des Wortes begreifbare Welt, mit der wir uns beschäftigt haben. Wir haben uns in echte Abenteuer gestürzt, während heute die Jugend ihre Abenteuer mit dem Joystick erlebt. Wir haben die Welt erforscht – heute werden »faszinierende Welten« erforscht. Die meisten Jugendlichen heute haben noch nie einen richtigen Fahrradausflug gemacht: raus aus der Stadt, Feldwege entlang, Anhöhen empor, mit Proviant im Gepäck und der Mahnung im Ohr: »Seid zurück, bevor es dunkel ist.« Dann dreißig, vierzig, fünfzig Kilometer mit der Kraft der eigenen Beine unterwegs und abends erschöpft ins Bett fallen – das ist Leben! Stattdessen stürzen sich die Kida heute in unübersehbare Schluchten, springen vor fahrende Monstertrucks, reiten auf Drachen und erledigen nebenher drei Dutzend Zombies, bis sie zum nächsten Level kommen, auf dem sie dann leider frühzeitig selbst abgemurkst werden, und zwar mittels einer Salve von mindestens achthundert Granaten und assistiert von einer Batterie von Flammenwerfern. Wenigstens ist das Ergebnis solcher Massaker nicht der Tod, sondern nur ein herber Verlust auf dem Punktekonto. Aber das leuchtet mir zumindest ein: Wo kein Leben ist, da kann auch kein Tod sein.

Wie viele Kinder wissen heute noch, wie es sich anfühlt, bis in die Schuhsohlen durchnässt zu sein, wie das

Harz von Nadelbäumen riecht, wie man Eichhörnchen lockt, wie man ein Taschenmesser sicher hält, wie viele haben schon zugesehen, wie sich ein Marienkäfer auf den Flug vorbereitet, wie viele haben das Schnauben eines Igels belauscht, Glühwürmchen beobachtet oder Schmetterlinge gefangen? Ich habe bewusst auch einige Beispiele aufgezählt, auf die meine Kinder mit »Ich nicht« antworten würden. Denn ich muss mich an die eigene Nase fassen. In unserem Wahn, unseren Kindern möglichst alles zu verschaffen, was andere Kinder auch haben, berauben wir sie zunehmend der wirklich wichtigen Dinge. Spielen ist so etwas. Wer spielt mit seinen Kindern schon noch Scrabble? Wer hat noch die Geduld für endlose Monopoly-Nachmittage? Es ist schon sehr bequem, im Kinderzimmer einen Computer aufzustellen und die lieben Kleinen davor zu parken. Computerspiele sind beim Nachwuchs beliebt – und wenn man sie nicht gewaltsam von der Kiste wegzieht, dann halten sie davor glatt geistigen Winterschlaf, bis die Transformatoren durchgeglüht sind, so faszinierend sind die Ersatzwelten für die meisten Kinder und Jugendlichen geworden. Na ja, wenn wir ehrlich sind, nicht nur für die!

Neulich beim Inder. Meine Frau und ich treffen uns mit einem befreundeten Ehepaar. Sie Buchhändlerin, er Buchhändler. Wundervolle Menschen. Man darf davon ausgehen, dass der Freundeskreis der beiden entsprechend kultiviert ist. Dann, zwischen Botti Kebap und Mango Lassi, senkt sie die Stimme und sagt: »Darf ich fragen, wie das bei Ihnen ist?« Sie räuspert sich. »Ich höre jetzt immer wieder aus dem Bekanntenkreis, dass die Männer abends nach Hause kommen und sich praktisch direkt an den Computer setzen und spielen. Ein, zwei Stunden lang. Oder länger.« Sie sieht etwas peinlich berührt auf den Tee, der eben gereicht wird.

»Also, was mich betrifft«, lache ich. »Da kann ich nur sagen: Ich habe überhaupt noch nie ein Computerspiel gespielt. Computerspiele langweilen mich einfach.«

»Nein, nein«, beeilt sie sich zu sagen. »Ich habe jetzt gar nicht Sie gemeint, lieber Herr Montasser. Ich meinte: Haben Sie das auch schon gehört? Dass junge Männer – und nicht nur junge – ganze Abende vor dem Computer verbringen? Familienväter? Mehrmals die Woche? Ich meine ganz normale Leute. Nette Männer, wissen Sie?«

Jetzt bin ich es, der betreten schaut. Vielleicht hat sie Recht. Von dem Trend hatte ich schon gelesen. Aber wer denkt schon, dass sich solche Phänomene in der eigenen Lebenswirklichkeit abspielen! Junge Männer, die nach der Arbeit nach Hause kommen, etwas essen und sich dann an den Computer setzen, während die Frau wer weiß was macht? Dabei gilt doch auch für erwachsene Männer: Echte Spiele sind viel schöner als Computerspiele – gerade für erwachsene Männer gilt das, wenn Sie mich fragen.

Der wichtigste aller Finger

Montagmorgen. Nach dem Urlaub. Wir haben uns aus dem Bett gequält, schwanken zwischen der Einsicht, dass eine Woche Südtirol nicht wirklich Erholung bedeutet, und dem Wunsch, das bisschen frisch getankte Energie schnellstmöglich in ein kreatives Feuerwerk am Schreibtisch zu übersetzen – und dann kommt, was immer kommt: Eines der Kinder ist nicht auf der Höhe. Das heißt, in dem Fall ist das Kind wohl auf der Höhe. Aber sein Daumen nicht. Dem geht's nicht gut. »Ich weiß nicht«, sagt mein Sohn. »Der tut mir seit gestern weh.«

Der Familienrat tagt, begutachtet den Daumen: Man sieht nichts. Er ist schön wie am ersten Tag. Keine Schwellung, keine Rötung. Ein perfekter Teenagerdaumen. Mit der Einschränkung eben, dass er schmerzt. Genau genommen schmerzt nicht der Daumen, sondern die Stelle zwischen Daumen und Zeigefinger, praktisch die Rückseite des Daumenballens. Wir drücken, wir ziehen, als ob wir dadurch den Erkenntnisprozess befördern könnten, und kommen schließlich zu der einzig richtigen Entscheidung: Wir warten mal ab, was passiert. Wahrscheinlich wird er von allein wieder gut. Man sieht ja nicht mal was.

Wird er natürlich nicht. Am Abend sind die Schmerzen nur noch stärker. Unser Sohn liegt quasi schmerzgekrümmt am Boden, weil der Daumen ihn so quält. Was tun? Um die Zeit ist keine Arztpraxis geöffnet. Ins Krankenhaus? Da bin ich vorsichtig, seit ich mir mal die Windpocken geholt habe, als ich mit einem unserer Kinder wegen einer kaum sichtbaren Nagelbettentzündung dort war und anschließend herumlief wie Sams' großer Bruder aus Paul Maars Kinderbuchreihe. Ich schnappe mir also den Laptop und beginne, im Internet zu recherchieren: »Wer weiß was?« tippe ich ein und gelange auf eine Website, auf der ich zuerst einmal einen Login vornehmen und ein Passwort angeben soll. Nein, bitte kein Passwort. Ich weiß vor lauter Passwörtern schon nicht mehr, wie ich heiße. Jedes Mal, wenn ich mich irgendwo neu einloggen soll, muss ich mir einen neuen Benutzernamen und ein neues Passwort zulegen und also ewig im Internet rumsurfen, bis ich bekomme, was ich will. Also, ein neuer Versuch: »Wer weiß rat« (auf Groß- und Kleinschreibung achte ich im Netz schon lange nicht mehr, das wird schlicht nicht gewürdigt). Und tatsächlich: Hier geht's erst einmal ohne Passwort weiter auf gutefrage.net. Das heißt, es geht erst einmal nicht weiter. Denn es kommt, kaum bin ich auf der

Seite gelandet, zuallererst ein Werbespot (keine Ahnung, worüber, denn ich starre die ganze Zeit auf den Hinweis »Nach einem kurzen Spot geht's weiter« – obwohl es ja noch gar nicht losgegangen ist).

Dann aber: Frage stellen! Da klicke ich drauf – und soll mich prompt kostenlos registrieren und mir einen Benutzernamen eigener Wahl geben usw. usf. Ich mache einen Rückzieher. Wenn ich mich hätte registrieren lassen wollen, wäre ich gleich bei der ersten Seite geblieben. »Stöbern«. Das klingt doch gut. Bestimmt gibt es andere Interessenten im Web 2.0, die schon mal das gleiche Problem hatten und sich mit Besserinformierten darüber ausgetauscht haben. Unter »Beliebte Fragen« findet sich tatsächlich das Schlagwort »Daumen«. Daumen? Unter »Beliebte Fragen«? Hä?

Egal, wer so weit gegangen ist, der schreckt auch davor nicht zurück. Ich klicke also auf »Daumen« und finde prompt einen Fragenkatalog, der vor Kompetenz strotzt: »Daumen runter beim GF« heißt es da zum Beispiel. GF? Was will mir das Internet damit sagen? »Daumen runter beim Geschäftsführer?« (dann würde ich doch eher annehmen, dass »Daumen ab« gemeint ist). Es geht aber, wie sich herausstellt, um eine Frage zur Bewertung der Fragen in dem Forum. Eine Metafrage also. Was eigentlich mit »GF« gemeint ist, erschließt sich mir nicht. Aber ich bin ja auch auf der Suche nach echten Daumenbeschwerden. Also auf zu den nächsten Fragen: »Mein Daumen ist zur Hälfte taub, was könnte das sein?« Klingt nach einem echten Problem. Aber zum

Glück nicht nach dem, das mein Sohn hat. »Macht es euch psychisch auch total fertig, wenn ihr für tolle Antworten keinen Daumen hochbekommt?« Daumen hochbekommt? Daumen? Hoch? Ähm – unter »Beliebte Fragen«? Lieber schnell weiter: »Mein Daumen tut weeeeeeeeeeehhhhhhhh!«

Man kann solchermaßen eine halbe Nacht zubringen, um schließlich festzustellen, dass die Beschwerden kaum zu beheben sind, wenn man sich nicht ein Bein amputiert oder wahlweise den eigenen Wellensittich erschießt. Was man nicht findet, ist eine kluge, glaubwürdige, ernst zu nehmende Theorie, was es mit den diffusen Schmerzen zwischen Daumen und Zeigefinger auf sich haben könnte. Im Internet verabredet sich tagtäglich eine in die Millionen gehende Gemeinde von Spezialisten, die im Wesentlichen Esoterik, eine Art Kollektivschamanismus betreibt, sinnfrei und vor allem frei von jeglichem Skrupel. Man kann sich mit zwei Mouseclicks vom leichten Schnupfen zum Darmkrebs im Endstadium katapultieren oder von Kopfläusen zu einer letalen Säuferleber. Hätte der Apostel Johannes vor zweitausend Jahren das Internet zur Verfügung gehabt, so hätte er nur auf eine Gesundheitswebsite verweisen und den Befehl »Weiter!« geben müssen: Hier kann sich jeder seine individuelle Apokalypse zusammenschrauben. Eine Internetsuche in medizinischen Dingen ist praktisch nichts anderes als ein Horrorfilm ohne Film. Für die ganz Harten empfehle ich eine Bildsuche. Aber nicht vor dem Schlafengehen. So hart kann gar keiner sein.

Nach durchwachter Nacht mit anschließenden Dämmerschlafalpträumen also die Erkenntnis: Termine absagen, den Gedanken an die auch am zweiten Tag noch nicht erledigten, aufgelaufenen Arbeiten verdrängen, im Büro Bescheid geben, dass man, kaum ist man da, schon wieder ausfällt, beim Arzt anrufen – und dann schnellstmöglich hinfahren.

Dienstagmorgen. Es gießt in Strömen. Die Straßen sind verstopft. Das Wartezimmer quillt über. Es zieht sich hin. Inzwischen haben wir einen Verdacht, woher die Beschwerden kommen könnten: Seit einiger Zeit hat unser Sohn einen iPod-Touch, also einen etwa wurstscheibengroßen (und kaum dickeren) Hosentaschencomputer, der für nichts gut ist, ihn aber umso mehr beschäftigt. Wann immer er irgendwo einen Moment innehalten muss – weil er mit dem Essen früher fertig ist als die anderen, an der Bushaltestelle noch Zeit hat oder auf die nächste Grünphase an der Ampel warten muss – zieht er das schicke Teil aus den unendlichen Weiten seiner Hosentasche und fängt an, darauf herumzudrücken und zu schieben. Ich will an dieser Stelle mal etwas Positives über diese Technologieteile sagen: Wenn Sie im Urlaub eines Ihrer Kinder verlieren und es hat einen iPod-Touch, dann suchen Sie einfach nach dem nächsten McDonald's oder nach dem nächsten Apple Store (womit keine Marktständchen mit Obst und Gemüse gemeint sind!). Dort werden Sie Ihr Kind wiederfinden. Denn diese Institutionen verfügen über ein sogenanntes WLAN, also eine schnurlose Internetverbindung, und zwar eine, die nicht durch ein Passwort geschützt ist und deshalb von jedem Computer in der näheren Umgebung als Internetzugang genutzt werden kann, sofern der Computer WLAN-tauglich ist. iPods sind es! Damit fangen McDonald's & Co. die Jugendlichen im weiten Umkreis und fesseln sie an ihre Lokale. Es ist eine moderne Mischung aus elektronischer Fußfessel (nur dass die Kids sie in der Hand halten) und Rattenfängerei à la Hameln (nur dass das Instrument nicht vom Fänger gespielt wird).

Spielen also: Das schien uns die Lösung.

Ich schwöre, unser Sohn hat sich im Urlaub bestens erholt. Nur sein Daumen nicht. Weder hat er sich intellektuell noch physisch verausgabt. Hirn und Herz hat er auf Zeitlupe geschaltet, auf Notstrom sozusagen – nur der Daumen und ein winziger Sektor seiner Großhirnrinde waren aktiv, um sich mit dem iPod zu einer sinnlosen Daddelei zu verschmelzen. »Das war garantiert dein ständiges iPod-Spielen«, hat meine Frau scharfsinnig festgestellt. Und unser Sohn im Brustton der Überzeugung: »Nein, nein. Das war ja eine ganz andere Bewegung, die habe ich mit dem Zeigefinger gemacht.« Nach einigem Bohren kam zumindest das unter größtem Vorbehalt geäußerte Zugeständnis: »Okay, wenn irgendwo WLAN war, dann hab ich noch ein paar Mails geschickt und ein bisschen gechattet.«

Als wir nach zwei Stunden endlich drankamen, war der Arzt übrigens derselben Meinung wie meine Frau: Überreizung des Daumengrundgelenks, lautete die Diagnose. »Vielleicht« – und das hat er sehr, sehr vorsichtig formuliert! – »könntest du mal ein, zwei Tage ein bisschen weniger mit dem Ding spielen. Meinst du, das wäre machbar?« Er scheint eine Tochter im selben Alter zu haben.

»Hm«, unser Sohn war weder von der Diagnose überzeugt noch vom Therapievorschlag, fand aber, dass eine Schmerztablette angezeigt sei. Das Rezept bekam er – die Tablette allerdings nicht. Denn meine Frau schlug dann in einem dieser typisch perfiden Erwachsenendeals vor: »Du bekommst eine Tablette, wenn du für mindestens einen Tag dein iPod abgibst.«

So weh scheint es dann doch nicht getan zu haben. Denn seither hat sich unser Sohn nicht mehr über irgendwelche Beschwerden beklagt.

Wenn die Mailbox
zweimal »Pling« macht

Natürlich schreibe ich längst auch E-Mails, die allerdings in der Regel viel zu lang sind, um recht eigentlich E-Mails zu sein. Genau genommen sind es Briefe, die umstandslos und überaus kostengünstig auf elektronischem Weg in die Welt hinausgehen. Das hat seine Vorteile und deshalb auch seine Berechtigung. Allerdings birgt die sogenannte Netikette ihre Tücken. Wenn mir jemand eine E-Mail schickt, dann stellt sich die Frage: Muss ich antworten? Vor allem aber: Wie schnell und wie oft muss ich antworten? Früher war es einfacher. Man hat Briefe geschrieben und sich darin mit einer gewissen Gemächlichkeit ausgetauscht, wobei jedes einzelne Schreiben mitunter einen erheblichen Umfang annehmen konnte. Man legte die Feder beiseite, pausierte für die Dauer, die es brauchte, um den Vogel auf dem Fensterbrett zu beobachten, sich in der Küche ein Brot zu schmieren und es zu verspeisen oder ein paar Tage ans

Meer zu fahren, ehe man wieder ansetzte und erfrisch
das Werk zu Ende führte, und oft sogar zu einem guten.
Große Briefwechsel sind so entstanden, die Literaturge-
schichte wäre um wichtige Bereicherungen ärmer, hätte
man das weiland nicht so gehalten. Heute dagegen:

Lieber Herr Morgenstern,

gern habe ich Ihre neuen Gedichte gelesen.
Wunderbar! Wir werden sie a.s.a.p. ins Lektorat
geben. Kürzungen unnötig. Habe schon mit Herrn
G. wg. Illus gesprochen. Scheidet aus
wg. zu vieler Aufträge. Luxussorgen :-)
Melde mich baldmöglichst.
MfG
Ihr ThM

Lieber ThM,
danke für die frdl. Zeilen. Bin gespannt, wen Sie
für die Illus finden. Habe Ihr Lob sehr genossen.
Hrzl.
Ihr M.

Lieber M.
Immer gern
Ihr ThM

Merci.

Ja, wann soll man aufhören, mit dem Hin und Her? Eine Mail ist schnell beantwortet. Mit je weniger Worten, umso schneller. Aber ist das wirklich wünschenswert? Sollte man vielleicht gleich ein paar Dutzend Smileys auf Vorrat mitschicken, damit der Empfänger nicht ein Dutzend Mal Nichtigkeiten öffnen muss, weil es ja auch ausnahmsweise mal keine Nichtigkeiten sein könnten?

Inzwischen gibt es immer öfter eine Menge Mails, die gleich mit einer ganzen Armada von hüpfenden und giggelnden Figürchen als Fußnoten eintrudeln, Icons, wie man so schön sagt. Quietschbunt, grell albern und demnächst vermutlich auch gehirnzersetzend laut, falls mal irgendein Werbetreibender darauf kommt, dass die Wahrnehmung sich durch Lärm erhöhen lässt. Aber das nur am Rand.

Der größte Terror der E-Mails ist natürlich das Tempo. Sie sind schnell geschrieben und in Sekundenschnelle beim Empfänger, wo immer er auf der schönen weiten Welt sitzt. Der Effekt ist, dass man unablässig den Mails hinterherhechelt. Denn es gehört, wie man schnell lernt, zum guten Ton, E-Mails nicht allzu lange ungelesen oder unbeantwortet im Account stehen zu lassen. Spätestens nach der zweiten oder dritten Beschwerde: »Haben Sie meine Mail nicht bekommen?«, ist man auf Linie getrimmt und sieht zu, dass man schnell reagiert. Man will ja niemanden vor den Kopf stoßen.

Also hechelt man mehrmals täglich und oft genug auch noch nachts den elektronischen Posteingang durch, man

»checkt den Account«, wie es neudeutsch so schön heißt. Übrigens: Ist es nicht erstaunlich, wie sich mit der Digitalisierung auch unser Sprachschatz verändert? Dass wir zunehmend Denglisch sprechen, ist ja nichts Neues. Aber inzwischen haben Wortungetüme in unseren Sprachgebrauch Einzug gehalten, die wir vor einigen Jahren nicht einmal erahnt hätten! Vom Quick Start über den Troubleshooter bis hin zum Update. Neuerdings wird sogar das Pils nicht mehr gezapft, sondern downgeloaded. Natürlich ändert sich durch diese Entwicklung auch vielfach die deutsche Sprache selbst. So gibt es mittlerweile viele, vor allem älteren Semesters, die wissen, wie man sich was aus dem Internet runterholt!

Aber zurück zu den Mails. Besonders heimtückische User versenden ihre Mails ja mit einer automatischen Rückantwort, die beim Öffnen der Mails aktiviert wird. »Der Versender hat um automatische Bestätigung gebeten. Wollen Sie eine automatische Rückantwort zulassen?« heißt es dann – und Sie stehen vor der Frage: Will ich das? Wenn Sie auf »Nein« klicken, bedeutet das: Es interessiert Sie nicht, was der Absender Ihnen schreibt, Sie wollen es gar nicht lesen. Klicken Sie hingegen auf »Ja«, dann stellt sich die Frage, warum Sie nicht auf die Mail antworten. Geringschätzung? Unwilligkeit? Wie immer Sie es drehen und wenden: Die »Netikette« spricht gegen Sie. Sie stecken in einem elektronischen Dilemma! Ich bin deshalb dafür, dass allgemein anerkannt wird, dass automatische Rückantworten für sich einen Verstoß gegen die »Netikette« darstellen, weshalb alle Reaktionen und Nichtreaktionen erlaubt sind und niemand ein Recht hat, beleidigt zu sein – außer demjenigen natürlich, dem man ein solches Ansinnen zugemutet hat.

Eine zunehmende Perfidie ist auch das Versenden von elektronisch verschlüsselten Mails. Mittels einer sogenannten elektronischen Signatur, die der Sicherheit dienen soll, werden auf diese Weise Mails verschickt, die man zweimal öffnen muss: Zuerst klickt man auf »Öffnen«, dann kommt ein wichtig gestaltetes Fenster auf den Bildschirm, das man dann noch einmal öffnen muss, ehe man die Nachricht lesen kann (meist sind es so bedeutende Dinge wie: »Bin übers Wochenende beim Skifahren. Gruß Oliver«). Wenn es doch einmal etwas Wichtiges ist, dann verhindern diese »Sicherheitsmails«, dass man mittels der Funktion »Antworten« einfach eine Antwort schicken kann. Stattdessen wird man darauf hingewiesen, dass man ja selbst gar keine elektronische Signatur hat (und also hinter dem elektronischen Mond lebt), eine solche aber unproblematisch erhalten könne, indem man sich »anmelde«. Ich sitze also davor und frage mich: Soll ich mich anmelden? Dann könnte ich in Zukunft einfach auf diese bescheuerten E-Mails antworten, ohne sie zuerst schließen und eine eigene, neue E-Mail an die betreffende Person anlegen zu müssen. Das klingt spontan vernünftig, zumal ja keine Kosten mit einer solchen elektronischen Signatur verbunden sind. Doch dann überlege ich mir die Weiterungen und stelle fest: Wenn ich in Zukunft solche Mails verschicke, dann bin ich es, der andere mit dem Kram ärgert und sie nötigt, ebenfalls ihre Mails zu verschlüsseln. Das setzt sich womöglich immer so fort, und irgendwann ist jeder gezwungen, seine Mails mit einer Technologie zu verschlüsseln, die sich irgendjemand mal aus obskuren Gründen in einer Garage in Südkalifornien oder in der vierzigsten Etage eines Büroturms in Nordnebraska ausgedacht hat. Doch wozu eigentlich? Ist das nicht alles eine höchst fragwürdige Schleppnetzmethode, mit der man im großen Stil Bauern fängt? Es fragt sich doch: Will ich überhaupt eine »elektronische Signatur«?

Wenn ich's recht bedenke, will ich das nicht. Eine Signatur ist eine Unterschrift, sie ist Ausdruck der Persönlichkeit und steht für Autorisierung und Authentizität. Was ich mit meinem höchstpersönlichen Schriftzug abzeichne, das trägt auf besondere Weise ein Stück meiner Persönlichkeit mit sich.

Natürlich gibt es längst auch die »Originalunterschrift« in digitalisierter Form. Sie ist nicht mehr nur maschinenlesbar (das war sie ja immer schon), sondern sie kann sogar von einer Maschine erstellt werden. Was es für meine solchermaßen verfertigte Unterschrift nicht mehr braucht, bin ich. Der Vorteil: Ich kann die Auflösung meines Schweizer Nummernkontos, das ich nicht habe, auch von den Kaimaninseln aus betreiben, ohne dazu in den Flieger steigen zu müssen. Oder ich kann von Rio aus die Aufnahme in den Karnevalsverein »Feuchte Jecken zu Kölle« beantragen, wenn mir nichts Dümmeres einfällt. Eine simple PIN reicht aus, und jeder kann durch die Kenntnis der Abfolge von vier Ziffern mein Ureigenstes schaffen. Sogar posthum, wenn er will. Die elektronische Unterschrift als Weg hin zur Untersterblichkeit! Und natürlich auch als Beleg für die gravierende Überbewertung individuellen Lebens. Im Grunde werde ich durch die Digitalisierung meiner Signatur zum Teil der großen kollektiven Intelligenz, die sich ihrerseits ausweitet zu einer Art kollektiver Persönlichkeit – einem jener seltsamen Paradoxa, die uns die Virtualisierung unseres Lebens beschert.

Manchmal bekommt man ja noch Briefe, in denen stehen etwa die Worte »Lieber Herr Montasser« und »Mit herzlichen Grüßen, Ihr« neben der Signatur handgeschrieben, meist mit Füllfederhalter, womit der Verfasser die persönliche Zueignung ebenso zum Ausdruck bringt wie den Umstand, dass das, was zwischen diesen zwei oder drei Zeilen steht, für ihn von besonderer Bedeutung ist. Noch seltener freilich ist der gänzlich handgeschriebene Brief. Je seltener solche Relikte aus guten alten Zeiten jedoch werden, umso wertvoller sind sie. Eines Tages wird es womöglich gar keine Autographen mehr geben, weil wir alle nur noch elektronisch schriftlich miteinander verkehren. Aber mal ehrlich: Wer würde schon andächtig einen Brief von Goethe an Schiller in die Hand nehmen, der mit den Worten beginnt:

from: j.goethe@weimarer-hof.de
to: dr.f.schiller@googlemail.com

Und sich dann schnöde in den Floskeln ergeht:

Parzen gelesen. Grandios. Danke für die Medizin.
Gicht schon besser.
Herzlich
Ihr Geheimrat

Selbst eine Bücherquittung Goethes liest sich im Original erhebend, weil der Dichter eine Schrift hatte, wie man sie heute gar nicht mehr findet. Aber er musste seine Finger ja auch nicht tagein, tagaus missbrauchen, um damit auf eine mehr oder weniger ergonomische Tastatur einzuhämmern. Ich sehe es bei meinen Kindern: Statt mal ein bisschen Schönschrift zu üben, testen sie stundenlang verschiedene Schrifttypen am PC aus, die dann der Drucker gar nicht genau so auswirft. Am Ende haben sie nicht ihre eigene Schrift und auch nicht die, die sie sich aus einer umfänglichen Datenbank (Schrifttyp, Schriftgröße, Farbe, fett/kursiv/unterstrichen, Kapitälchen usw.) zusammengeklaubt haben, sondern nur eine, die nach einem undurchsichtigen elektronischen Zufallsprinzip herausgekommen ist.

Das Schriftliche wird unterschätzt. Ein echter Brief ist eine Würdigung, ein ästhetisches Erlebnis. Handgeschrieben oder zumindest von Hand unterzeichnet, mit einer Briefmarke versehen, gestempelt, auf gutem Papier: optisch und haptisch ein Genuss. Vor allem aber ist ein Brief geduldig. Niemand wird erwarten, dass er binnen Tagesfrist beantwortet wird. Niemand wird sich einer Nichtigkeit wegen zu einem Brief aufraffen. Deshalb ist der gute, alte Brief auch inhaltlich bedeutender als die allermeisten E-Mails. Und er bleibt, zumindest für einige Zeit. Denn während wir den E-Mail-Account bedenkenlos entrümpeln (und das ist auch bitter nötig), wandert nur selten ein Brief nach der Lektüre unmittelbar in den Papierkorb, sondern wird beiseitegelegt, abgeheftet und, wer weiß, vielleicht eines Tages, sollten wir jemals reich und berühmt werden, sogar in einem schönen Buch abgedruckt.

Die mit dem Daumen denken

Ich erinnere mich gut an mein erstes Mal. Es war in Griechenland. Wir saßen am Pool – und da sah ich sie: Sie lag drei Liegestühle weiter und hatte den Kopf leicht nach vorn geneigt. So hatte sie schon dagelegen, als wir gekommen waren. Und so lag sie auch noch da, als wir wieder gingen. Während dieser ganzen Zeit ließ sie sich nur selten für wenige Minuten entspannt auf den Liegestuhl zurücksinken, um auch die Unterkinnpartie der Sonne zum Grillen darzureichen. Denn schon nach kurzem richtete sie sich immer wieder auf und griff zu dem kleinen Tischchen, das neben ihr stand und nahm etwas zur Hand. Ihr Telefon. Sie legte es sich auf den Bauch und hielt es in beiden Händen wie einen rituellen Gegenstand. Und da, wie gesagt, geschah es zum ersten Mal: Ich sah jemanden eine SMS schreiben.

Natürlich wusste ich nicht, was die Gute da tat. Ich dachte einfach, das Telefon sei kaputt und sie versuchte durch Daraufherumdrücken es irgendwie wieder in

Gang zu setzen. Dass sie eine SMS schrieb – und nicht nur eine, sondern offenbar Hunderte den lieben langen Tag über – das erfuhr ich erst, als ich tags darauf meine Frau auf den seltsamen Heilungsritus der Frau nebenan aufmerksam machte. Meine Frau wusste natürlich sofort, was gespielt wurde und klärte mich auf: »Sie schreibt nur eine SMS.«

»Eine was?«, fragte ich und richtete mich im Liegestuhl auf.

»Eine Kurznachricht.«

»Aber das ist ein Handy«, versuchte ich ihr zu erklären.

»Eben«, beschied sie mich knapp und wies mich einmal mehr in meine intellektuellen Schranken. »Damit kann man auch Texte verschicken. Aber halt nur kurze.«

»Ach. Und was macht sie mit ihren Daumen?«

»Mit denen schreibt sie die Texte.«

»Wie das denn?«

»Wenn du dir dein Handy mal genau ansiehst, dann wirst du feststellen, dass jede Taste nicht nur eine Zahl oder ein Symbol hat, sondern auch ein paar Buchstaben. Sag bloß, das ist dir noch nie aufgefallen.«

Doch. Klar war mir das schon aufgefallen. Allerdings hatte ich mir bis dahin nie darüber Gedanken gemacht. Buchstaben auf Telefonen, das hatte es früher auch gegeben. Die amerikanischen Wählscheiben waren so ähnlich doppel gekennzeichnet. Und ich muss gestehen, ich habe mir nie ernsthaft Gedanken gemacht, wozu das gut sein soll, aber ich war bereit zu akzeptieren, dass andere Kulturen eben ihre Eigenheiten haben.

»Aber sie tippt ewig darauf herum«, erklärte ich meiner Frau, immer noch nicht überzeugt, dass das Versenden von Kurznachrichten tagelange Daumenübungen zur Folge – oder zur Voraussetzung – haben konnte.

»Na ja, vielleicht hat sie viel zu schreiben. SMS sind günstiger als telefonieren.«

»Aha.« SMS, Short Message Service, wie ich später erfahren habe. Ein schöner deutscher Begriff. Wie Handy. Die Menschen, die auf unserem Planeten echtes Englisch sprechen, nennen es anders. Aber sie nutzen es natürlich auch. Denn die SMS hat sich ziemlich durchgesetzt, seit unserem Urlaub auf Kreta.

Neulich hatte ich die Ehre, aus beruflichen Gründen mit einer weltberühmten Opernsängerin zu telefonieren. Um ehrlich zu sein: mit einer weltberühmten Opernsängerin a.D. Denn sie ist ein wenig in die Jahre gekommen und hat sich anderen Dingen zugewendet, ehe man ihr dergleichen nahelegen musste. Eine kluge, gebildete, durchaus eitle Frau, eine Diva, wie man so schön sagt, durch und durch kulturell erfahren. »Und wohin darf ich es Ihnen schicken?«, fragte ich, nachdem wir uns geeinigt hatten, dass sie es sich überlegen würde.

»Ins Hotel. Ich weiß allerdings noch nicht, wo ich wohnen werde. Ich schicke Ihnen meine Adresse per SMS«, antwortet sie.

»Per SMS«, erwidere ich und rang um Stimme. »Wäre es möglich, dass Sie sie mir auch anders zukommen lassen? Sie könnten mir die Adresse ja kurz auf Band sprechen. Oder Sie legen mir einfach einen Bogen des Hotelbriefpapiers aufs Faxgerät. Oder...«

»Ach, per SMS ist so viel einfacher und geht so schnell. Sie haben doch ein Handy! Warum so umständlich.«

»Nun ja«, gestand ich – und ich schwöre, genau so hat es sich zugetragen! »Ein Handy habe ich natürlich. Aber ich habe keine Ahnung, wie man eine SMS liest. Geschweige denn schreibt.«

»Ist nich Ihr Ernst«, platzte sie in dem jovial sächselnden Tonfall hervor, den sie sehr ungezwungen an den Tag legt, wenn sie nicht gerade die »Königin der Nacht« gibt (wobei eine Kombination aus beidem zweifellos ihren – wenn auch kruden – Charme hätte).

»Ach wissen Sie, ich finde, man kann sich ja Mails schicken, wenn man einen Text in die Welt senden möchte. Und ansonsten kann man auch telefonieren ...«

»Aber Sie können doch nicht im 21. Jahrhundert leben und nicht wissen, wie man eine SMS schreibt.«

»Na ja, ich denke, diese Methode überspringe ich einfach. Irgendwann ist das auch Schnee von gestern, dann kann ich ja die neueste Mode wieder lernen, wenn es mir wichtig erscheint.«

»Überspringen, papperlapapp. Ich bringe Ihnen das jetzt einfach schnell bei. Haben Sie Ihr Handy da?«

»Ja, aber dass ist wirklich nicht nö...«

»Ist es an?«

»Ja.«

»Also, dann drücken Sie jetzt mal auf die Menütaste. Sie wissen doch hoffentlich, welche die Menütaste ist?«

»Doch, schon.«

»Dann können Sie auch eine SMS schreiben. Also, drücken Sie da mal drauf und dann wählen Sie …«

Der Rest ging ganz automatisch – hat aber nicht funktioniert. Mein Handy war anders als ihres. Vielleicht habe ich auch bloß nicht kapiert, was sie mir beibringen wollte. Meine Frau meint ja, ich hätte mich psychologisch dagegengestemmt. »Du wolltest es nicht verstehen, und deshalb hast du es auch nicht verstanden.« Das ist typisch für meine Frau, sie stellt mich dann immer gleich in die Psychoecke. Wahrscheinlich war mein Handy wirklich bloß anders als das der Sopranistin. Ich meine, wieso gibt es denn so viele verschiedene Handys, wenn sie sich nicht unterscheiden? Aber ich gebe zu, es hat mich etwas beschämt, dass eine Opernsängerin, die mehr als anderthalb mal so alt ist wie ich, technisch fortschrittlicher ist.

Eines Tages werde ich herausfinden, was es mit den Buchstaben auf den alten amerikanischen Wählscheiben auf sich hat. Ich konnte es nicht mal meiner Tochter erklären, als ich kürzlich so ein altes Telefon im Keller ausgegraben habe. »Mit dem habe ich immer mit Mami telefoniert, als wir noch nicht zusammen waren.«

»Klar«, sagte meine Tochter und beäugte das schwarze Teil, das ungefähr so viel wiegt wie ein antikes Bügeleisen, mit einer Mischung aus Argwohn und Belustigung. »Wie soll das gehen, das hat ja nicht mal Tasten.«

»Na ja«, erklärte ich. »Man steckt hier den Finger rein und dreht dann bis zum Anschlag, dann zieht man den

Finger wieder raus und wartet, bis es sich ganz zurückgedreht hat. Dann ...« Und während ich es vormachte, spürte ich, wie ganz viel Gefühl durch mich hindurchrieselte. Plötzlich waren sie alle weg, diese Wählscheibentelefone, und man hat es auch nicht mehr leise rattern hören in der Leitung, bis die Nummer ganz durchgewählt war, sondern es ging plötzlich alles zackzack. Ein paar schnelle elektronische Impulse, ein irres Blibb-blebb-blebb-blabb-blibb-blibb-blabb – und schon hat es am anderen Ende geklingelt. Das war der Anfang vom Siegeszug der Drucktaste. Seither drücken wir alle unentwegt auf irgendwelche Tasten – am Telefon, am Bankautomaten, auf der Waschmaschine, am Computer, auf der Fernbedienung ... Aber wahrscheinlich erlebt diese Ära auch schon ihre Götterdämmerung, und wir werden schon bald der guten alten Taste nachtrauern, weil alle Welt nur noch Touchscreens herstellt und jede Bewegung, die wir ausführen müssen, benutzerdefiniert und menügesteuert sein wird. Dann denkt nicht mehr der Daumen, sondern nur noch die Maschine für uns.

Schöne neue Welt?

Als ich zwölf Jahre alt war, bin ich noch täglich auf Bäume geklettert. Ich habe *Fünf Freunde* gelesen und mich gefreut, wenn einmal in der Woche *Timm Thaler* im Fernsehen kam. Wenn ich meine Hausaufgaben gemacht hatte, ging ich regelmäßig nach draußen oder – weil das Wetter schlecht war – zu meinem Freund, der im selben Haus wohnte. Manchmal kam auch er zu mir (lieber war's uns beiden allerdings bei ihm, weil er die schöneren Spielsachen hatte, vor allem mehr davon). Ich lieh mir meine Lektüren unter der Woche in der Stadtbücherei aus und am Sonntag in der Pfarrbücherei. Wenn ich an die Sommer meiner Kindheit zurückdenke, dann sehe ich Baumhäuser vor mir, Lager, die wir im Gebüsch gebaut haben, Brennnesseln, von denen wir Raupen und Marienkäfer gepflückt haben. Ich erinnere mich an Vögel, die aus ihren Nestern gefallen waren und die wir pflegten, bis wir sie begraben mussten, an Zuchtfarmen für Schmetterlinge, Schnecken, Regenwürmer und Laubfrösche. Mir fallen Andy und seine bescheuerten Freunde ein, die mir mit ihrer Bande immer auflauerten und mich verprügelten. Und Markus und seine Bande, deren Mitglied ich unbedingt sein wollte (aber schon am ersten Nachmittag Führungsansprüche geltend machte, was prompt zu meinem Wiederausschluss führte; immerhin durfte ich noch an der Bandenhütte mitarbeiten). Kindheit damals, das war ein Bauen und Hauen, ein Jagen und Sammeln, ein einziger Abenteuerspielplatz, der immer da war, wo wir waren.

Heute dagegen ist die Kindheit vor allem ein virtueller Abenteuerspielplatz. Kinder bauen heute keine Hütten oder Baumhäuser mehr, sie spielen »Sims3« und richten Häuser ein, »erstellen« Familien, leben ein Doppelleben in einer digitalen Puppenstube. Man könnte das für eine Fortführung alter Spielgewohnheiten mit neuen Mitteln halten, und vielleicht ist es das auch. Aber ein entscheidender Faktor fehlt doch: das tatsächliche Erleben, das Fühlen, das Mittendrinsein. Wer seine Puppen nur am Bildschirm einkleidet, wird kein Gespür dafür entwickeln, wie sich Stoffe anfühlen können; wer sein Sofa per Mouseclick verrückt, dem bleibt die Erkenntnis fremd, wie viel Arbeit im Transport von Materialien, von ganzen Möbelstücken gar, steckt. Arbeit erschöpft nicht mehr, sie macht nur noch nervös. Die Kinder von heute schwitzen nicht mehr, weil sie sich anstrengen oder weil die Sonne auf ihr Reich herabbrennt, sie gehen höchstens mal an den Kühlschrank und holen sich eine Cola. Sie werden nicht von überraschenden Regengüssen durch-

nässt, ja selbst das obligatorische Donnerwetter wegen
der total verdreckten oder gar zerrissenen Hosen fällt aus.
Ein einmal vollendetes Werk wird heute mit der Delay-
Taste verworfen, wo man es früher mit Wachen vor der
neidischen Konkurrenz verteidigen zu müssen glaubte.
Kein Stolz mehr auf das Erreichte, keine Demütigung
mehr durch Regen und Schnee, durch feindselige Haus-
meister oder empörte Nachbarinnen. Kann Kindheit, die
sich über weite Strecken gar nicht mehr irgendwie anfühlt, sich überhaupt noch wie Kindheit anfühlen? Woran werden sich die Kinder von heute erinnern, wenn sie
einst zurückdenken: An »World of Warcraft 2.0?« An die
»Sims-Erweiterung Haustiere«? An das »wii«-Match mit
dem besten Freund? Vermutlich nicht. Denn es ist den
elektronischen Erlebniswelten eigen, dass sie in dem
Maß verblassen, in dem sie durch neue, immer »realisti-
schere«, immer aufwendigere und spektakulärere elektronische Erlebniswelten abgelöst werden.

Als unser Sohn elf oder zwölf Jahre alt war, hatte er
Besuch von einem Mitschüler. Ein netter Junge. Intelli-
gent. Freundlich. Die beiden gingen nach draußen und
kletterten über den Gartenzaun. Das heißt, unser Sohn
kletterte darüber. Sein Freund schaffte das nicht, obwohl
unser Gartenzaun weder hoch noch schwer zu erklim-
men ist. Der Junge hatte einfach nie gelernt zu klettern,
Hindernisse zu überwinden. Und als unser Sohn dann
irgendwann hoch oben im Wipfel seines Lieblingsbaums
saß, hing sein Mitschüler ziemlich jämmerlich auf einem Ast ganz unten.

Natürlich haben wir solche Klettertouren mit sehr gemischten Gefühlen gesehen. Aber unter dem Strich haben sie zweifellos große Vorteile gehabt. Sie haben das Körpergefühl und die Selbstsicherheit unserer Kinder gefördert (ja, auch unsere Tochter hatte eine ausgeprägte Kletterphase mit Lieblingsbaum, zerrissenen Hosen und Schürfwunden). Sie haben ihnen beigebracht, wie Natur sich anfühlt, ihnen auch den respektvollen Blick auf die Bäume und die Schöpfung überhaupt nahegelegt.

Die Kindheit und Jugend von heute findet leider über weite Strecken vor dem Bildschirm statt. Schon kleine Mädchen reißen sich darum, einen Kleincomputer zu bekommen, auf dem sie Hunde großziehen, füttern, mit ihnen Gassi gehen und ihnen Schleifchen ins Haar binden können (klingt so absurd, wie es ist). Jungs verfallen dem Medium Computer sowieso früher oder später, und sei es durch bloßen Gruppenzwang. Denn heute ruft man sich nicht mehr an, jedenfalls nicht mehr mittels des guten alten Telefons, man »chattet« im Internet, »postet« sich auf die »Profile« anderer und andere auf das eigene »Profil«, schickt sich gegenseitig »Links« zu geilen Songs oder Filmen auf YouTube & Co., kurz, man kommuniziert nur noch virtuell miteinander, statt sich – wie früher – zu treffen, mit dem Fahrrad an den See zu fahren, ein Eis zu essen oder das größte Iglu aller Zeiten zu bauen. Die Kindheit verliert eine ihrer wichtigsten Funktionen: zu lernen, wie sich etwas anfühlt. Man schaut nur noch durch den Bildschirm in das vermeintliche Leben, statt es zu erleben. Vielleicht ist das auch ein Grund, weshalb Gewaltspiele am Computer nach Meinung vieler Experten zu Gewaltexzessen im wirklichen Leben führen: dass man sich nie live geprügelt hat, dass man nicht weiß, wie sich Schmerz anfühlt, sondern nur noch, wie er vermeintlich aussieht. Und die sensationell aufregenden Bilder mit ihrer überzogenen virtuellen Ästhetik machen so aus jedem Gewaltopfer vor allem eines: ein aufregendes Bild, einen Sinneseindruck, der von der eigenen körperlichen Empfindung völlig abgekoppelt ist.

Nun muss nicht aus jedem Kind ein Amokläufer werden, nur weil es Gewaltspiele auf dem Computer spielt. Aber man kann umgekehrt fragen, ob ein unmittelbares körperliches Empfinden des Lebens (und dazu muss man sich nicht prügeln) nicht eine sehr viel respektvollere Einstellung zum eigenen Leben und zu dem der anderen fördern würde.

Seit immer mehr Kinder und Jugendliche im Internet surfen, wissen sie schon alles über Analsex, noch ehe sie den ersten zarten Kuss gewagt haben. Man tastet sich nicht mehr als Pärchen gemeinsam an die Wunder der Erotik heran, sondern macht sich auf eine extrem verzerrte Weise mit Sex vertraut, indem man sich – selbst noch kaum geschlechtsreif – Pornos ansieht und einschlägige Chat-Foren besucht. Man weiß früh alles und versteht lange nichts. Eigentlich hat die Natur es ganz gut so eingerichtet, dass bestimmte Interessen beizeiten ganz von selbst kommen und das gegenseitige Erkunden Spaß macht und sich im Idealfall auch ziemlich gut anfühlt. Wenn das eine mit dem anderen nichts mehr zu tun hat und wenn man immer schon genau weiß, was einen vermeintlich erwartet, dann nimmt das nicht nur viel vom Vergnügen, es führt auch oft zu Verwirrung und Enttäuschung, weil das, was im wirklichen Leben stattfindet, womöglich gar nicht so ist, wie das, was man aus dem Internet kennt.

Kinder sollen nicht »Leben spielen«, sie sollen leben! Deshalb fordere ich: kein Internet im Kinderzimmer und kein Internet im Klassenzimmer! Leben und Lernen ist etwas, was durch *Er*leben erleichtert wird. Wenn wir echte Persönlichkeiten aus unseren Kindern machen wollen, sollten wir darauf achten, dass wir das virtuelle Leben sorgfältig portionieren. Wir zum Beispiel machen uns bei unseren Kindern deshalb täglich unbeliebt, indem wir WLAN verweigern und stattdessen den einzigen Zugang zum Internet in unserem Haus im Keller installiert haben, weshalb nun jeder, der online gehen will, erst einmal am Wohnzimmer oder Esszimmer (und damit an den Eltern) vorbeigehen muss. Der Kontrollfaktor wirkt nicht besonders nachhaltig, denn sobald eines der Kinder mal im Internet hängt, greift bekanntlich der Suchtfaktor, und es gibt kein Entkommen mehr, bis wir endlich genug geschimpft und allerlei Sanktionen verhängt haben (das ist übrigens meiner Meinung nach der Grund, warum es »net« heißt; man verfängt sich darin).

Natürlich ist es eine fast unlösbare Aufgabe zu versuchen, seinen Kindern das echte Leben nahezubringen in einer Zeit, in der praktisch alle Kinder ständig in einen Bildschirm glotzen. Und doch: Was gibt es Schöneres, als an einem Herbsttag gemeinsam durch den Laubwald zu streifen, mit dem Boot über einen See zu schippern und zu spüren, wie es schaukelt, wie das Wasser spritzt, Enten zu füttern, mit dem Fahrrad eine abschüssige Straße hinunterzurollen, auf Burgen zu steigen und die rauen Steine zu befühlen, die vor Jahrhunderten mutige Menschen auf halsbrecherischen Pfaden in schwindelerregende Höhen hinaufgeschleppt haben? Wenn wir unseren Kindern das Leben nahebringen wollen, müssen wir sie lehren, wie die Dinge sich anfühlen. Nur so können wir ihre Sinne schärfen, nur so werden sinnliche Menschen aus ihnen. Und sinnliche Menschen werden keine gefühllosen Menschen sein.

IQ – Darf's ein bisschen mehr sein?

Es ist keine neue Erkenntnis, dass die Menschheit im Lauf der Evolution immer intelligenter geworden ist. Dass sich die frühen Artgenossen mit so simplen Dingen wie dem Feuermachen noch schwergetan haben, hängt nicht nur mit einem Mangel an technischem Equipment zusammen, sondern auch damit, dass dazu etwas mehr Grips nötig ist, als es braucht, um Mammuts totzuschlagen. Irgendein prähistorischer Intelligenzbolzen hat es dann aber geschafft, das Feuer willentlich zu entfachen – und hat damit einen neuen Intelligenzsprung ermöglicht. Denn evolutionär gilt es als erwiesen, dass das Essen gegarter Speisen zu höheren intellektuellen Fähigkeiten geführt hat. Und so hat sich die Menschheit von Erfindung zu Erfindung bewegt und ist dabei immer schlauer geworden. Eine Art geistiges Perpetuum mobile wurde in der frühen Steinzeit angestoßen, das bis heute nicht zur Ruhe gekommen ist. Das heißt: Sind wir sicher, dass es noch schwingt?

Der sogenannte Intelligenzquotient, der die Gescheitheit der Menschen überhaupt erst quantifizierbar gemacht hat, wurde 1912 vom Wissenschaftler William Stern an der Universität Breslau erfunden. In den heute gängigen Intelligenztests werden dabei zwei wichtige Faktoren ausgewertet: die allgemeine Denkfähigkeit (die »fluide Intelligenz«) und das erlernte Wissen (die »kristalline Intelligenz«). Erstere wird zusätzlich unterteilt in verbale, numerische und figurale Intelligenz, also die Fähigkeit, mit Sprache umzugehen, rechnerisch zu denken und sich räumliche Figuren vorzustellen und damit zu arbeiten.

Kaum einer von uns wird bestreiten, dass die Welt zunehmend verblödet. Das erleben wir alle täglich und können unzählige Beispiele dafür anführen. Und doch stimmt es nicht. Tatsache ist, dass der durchschnittliche Intelligenzquotient in den zurückliegenden sechzig Jahren weltweit gestiegen ist. Der neuseeländische Psychologe James Flynn hat in 1980er Jahren den Nachweis dafür erbracht. Natürlich gab es von Land zu Land und von Test zu Test unterschiedliche Ergebnisse. Aber es stellte sich doch eindeutig heraus, dass der durchschnittliche IQ um fünf bis 15 Prozent gestiegen ist. Diese Erkenntnis wird als »Flynn-Effekt« bezeichnet. Allerdings war auch Mr Flynn nicht ganz sicher, welche Schlüsse man aus dem Ergebnis seiner Untersuchungen ableiten durfte. Denn es gab in der Entwicklung der einzelnen intellektuellen Felder durchaus Unterschiede. So war in den gemessenen Zeiträumen vor allem das abstrakte wissenschaftliche Denken vorangekommen, insbesondere die figurale Intelligenz.

Und da kommen wir wieder auf unser Thema zu sprechen. Was hatte sich denn im gemessenen Zeitraum auf der Welt verändert? Zunächst einmal war die Geschwindigkeit angestiegen, in der alles passierte: Man fuhr mit dem Automobil, flog mit dem Flugzeug, ging ins Kino, hatte sich ein Fernsehgerät angeschafft. Alles wurde schneller, sogar in den Filmen wurden die Schnitte zwischen den Kameraeinstellungen immer kürzer. Mit anderen Worten: Das 20. Jahrhundert hat den Menschen einen Bildersturm beschert wie keine Epoche zuvor. Viele, schnell wechselnde, bunte Eindrücke prägen seither das Leben. Es ist also kein Wunder, dass das Gehirn sich darauf einstellt und diese Art von Sinneseindrücken immer besser zu verarbeiten lernt – die figurale Intelligenz entwickelt sich.

Einer Studie des Medienpädagogischen Forschungsverbunds Südwest (Kim-Studie) von 2008 zufolge verbringen heute Schülerinnen und Schüler zwischen sechs und dreizehn Jahren täglich durchschnittlich anderthalb Stunden vor dem Fernsehgerät und fast eine Dreiviertelstunde vor dem Computer. Das bedeutet, dass sie – je nachdem, wie viel Zeit sie für Schlafen, Essen, Körperpflege benötigen – ein Fünftel bis ein Viertel ihrer »aktiven« Zeit des Tages auf einen Bildschirm schauen. Nicht eingerechnet sind hier noch Geräte wie multimediafähige MP3-Player, Smartphones und die Computerzeiten in der Schule. Nach dem Obendargestellten, müsste das doch gut sein für unsere Kinder: Sie fördern ihre Intelligenz. Und tatsächlich gibt es immer mehr Psychologen, die einräumen: Wer viel Zeit am Bildschirm verbringt, kann Informationen schneller verarbeiten.

Es ist allerdings bislang nicht erforscht, ob ein solcher »Intelligenzzuwachs« nur die Kompetenz am Computer fördert, oder ob er auch in der »realen Welt« Bestand hat. Bedenkenswert ist in diesem Zusammenhang sicher eine Studie eines australischen Mediziners an der University of Melbourne, in der dreihundert Siebtklässler zu ihrer Handynutzung befragt und verschiedenen Aufmerksamkeitstests unterzogen wurden. Ergebnis: Wer mehr telefonierte und SMS schrieb, war zwar schneller in der Verarbeitung der gestellten Aufgaben, machte dabei aber mehr Fehler.

Sicher, hier werden Äpfel mit Birnen verglichen. Es gibt solche Fähigkeitstests aber auch in anderen Kombinationen (etwa den Stroop-Test, bei dem Wörter, die eine Farbe bezeichnen, in einer anderen Farbe auf dem Bildschirm erscheinen und korrekt identifiziert werden müssen). Das Ergebnis ist fast immer ähnlich: Computergestählte Probanden sind schneller, hauen aber öfter daneben. Außerdem sinkt ihre Aufmerksamkeit im Lauf der Tests ab, es fehlt ihnen die Konzentrationsfähigkeit.

Arbeiten, lesen, spielen am Bildschirm fördert offenbar die Fähigkeiten, die man genau dazu braucht, macht uns aber unaufmerksamer und unkonzentrierter. Was wir am Computer lernen, ist das sogenannte Multitasking, also die Bewältigung schneller Wechsel in den Anforderungen. Das aber verleitet unser Gehirn dazu, sich mit dem tieferen Sinn eines Themas schwerzutun. Deshalb nimmt auch die verbale Intelligenz im digitalen Zeitalter eher ab, während die figurale und womöglich auch die numerische eher zunehmen.

Man darf die neu gewonnene Multihüpferei auch nicht mit der wertvollen Zusammenarbeit der beiden Gehirnhälften verwechseln, die besonders Genies auszeichnet. Denn nach allen mir bekannten Studien wird der besonders kreative Geist vor allem durch das Zusammenspiel von Ererbtem und einer glücklichen Fülle an Sinneseindrücken geformt. Aber es kann ja auch nicht jeder ein Genie werden. Sollen wir uns nun darüber freuen oder es bedauern? Das muss wohl jeder von uns selbst entscheiden. Mir ist jedenfalls wohler, wenn meine Kinder nach einem Satz von Thomas Mann nicht zu schielen anfangen und dafür beim Ballern am Bildschirm eher zu den Losern gehören.

Freudenfeuer

Seit einiger Zeit fällt mir, wenn ich die aktuellen DVD-Angebote im Elektronikmarkt durchsehe (ja, ja, ich weiß, DVD ist out, schon mit Blu-ray ist man demnächst wahrscheinlich nicht mehr auf dem Laufenden), etwas Faszinierendes auf: Filme, die nichts weiter zeigen als ein gemütlich knisterndes Kaminfeuer. In den DVD-Player eingelegt und am Flachbildschirm abgespielt, verbreitet sich – wenn man den Versprechungen der Produzenten glaubt – eine wunderbar behagliche Atmosphäre im Wohnzimmer oder, je nachdem, wo man den besagten Flachbildschirm eben hat, im Schlafzimmer, in der Küche, im Hobbykeller oder in der Garage.

Ich erinnere mich gut, im ersten Band von *Harry Potter* hatte die Autorin die geniale Idee entwickelt, dass in der Zauberwelt, die ja im Potter-Universum eine Parallelwelt unserer Muggelwelt ist, die Bilder an den Wänden oder in der Zeitung bewegt sind. Was für ein herrlich verschrobener Gedanke, gerade richtig für die

Fantasie von Heranwachsenden und jung gebliebenen Erwachsenen! Mrs Rowling, ich bewunderte Sie dafür.

Leider hat die Wirklichkeit Ihre Utopie inzwischen eingeholt, ja überholt. Wo man hinsieht, elektronische Bilderrahmen, in denen wahlweise taghell erleuchtete Fotos den Anschein erwecken, einen Augenblick quasi *live* wiederzugeben, oder gleich komplette Filmsequenzen, die die Wohnzimmer bespielen wie ein immerwährendes Fenster zum Paralleluniversum unserer eigenen Existenz oder wie die Wunschversion derselben. Was die modernen »Frames« nicht mehr bieten, ist das, was uns einst an Fotografien so lieb und teuer war: die Erinnerung, die Rückschau auf etwas Vergangenes, die durch das Foto zwar am Leben gehalten wurde, aber eben doch auch »vergangen« blieb.

Begonnen hat die schleichende Entwertung der Fotos mit dem Einzug der Digitalkamera. Plötzlich konnte man, statt wie bisher vierundzwanzig oder sechsunddreißig Bilder, die auf einen Film passten, Hunderte von Fotos machen, bis der Speicher voll war. Über Kosten musste man gar nicht mehr nachdenken! Denn während man früher den ganzen Film entwickeln lassen musste, ehe man wusste, welches Foto was geworden war, konnte man sich jetzt alle Bilder gleich in der Kamera ansehen und dann entscheiden, welches man löschen und welches man speichern wollte. Das klang erst einmal richtig gut! Und das war es auch – erst einmal. Bis man sich abgewöhnt hatte, wie früher jedes Bild kritisch zu prüfen. Zunächst hatten wir ja noch alle den gewohnten

Fotografenblick, dem die Frage innewohnte: Lohnt dieses Bild? Was einstmals gute Dienste tat im Vorfeld einer Aufnahme, tat es in der ersten Zeit wenigstens noch, nachdem das Foto schon auf dem Chip gelandet war.

Doch dieser Prüfreflex verflüchtigte sich irgendwann. Wir haben uns alle angewöhnt, Hunderte und Aberhunderte von Bildern zu knipsen, lügen uns diese Beliebigkeit mit der Theorie schön, dass große Fotografen auch Filme über Filme durchrattern lassen, um dann die besten Fotos auszuwählen. Doch abgesehen davon, dass das auch früher längst nicht alle großen Fotografen gemacht haben, hinkt diese Theorie vor allem wegen unserer Faulheit: Denn es bleibt uns nicht erspart auszuwählen. Vielleicht ist es auch manchmal nur die Ehrfurcht vor der Fragilität der eigenen Existenz, die uns zögern lässt zu löschen, was der Verstand uns zu löschen geböte. Oder die Sorge, dass wir jemandem, den wir mögen, mit einem solche Akt der Vernichtung zu nahe träten. Jedenfalls ist es ein Fluch. Denn das Ergebnis ist, dass wir Chip um Chip auf unsere Computer laden und dann dort in immer neuen Ordnern ablegen – entweder ohne sie jemals entwickeln zu lassen oder eben mit dem Ergebnis, dass wir sie doch alle entwickeln lassen und also ein Vielfaches der Bilder produziert haben, die wir früher zu erzeugen pflegten. Schlechte Bilder, Ausschuss das Meiste. Es ist eine Schande. Ja, viele Fotos sind nur noch ein matter Abglanz ihrer selbst. Getreu Magrittes malerischer Feststellung »Ceci n'est pas une pipe« könnte man über die Fotodateien auf all den Speichern sagen:

»Ceci ne sont pas des fotos.« So verunzieren wir unser eigenes Andenken durch achtlose Massenproduktion und massenhafte Reproduktion oder gar keine Produktion mehr.

Es ist das große Nichts der virtuellen Bilder, das wir erzeugt haben und das uns umgibt. Schalten wir den elektronischen Bilderrahmen ab, bleibt nichts. Auch das versinnbildlicht unsere moderne Existenz: Wir müssen ständig unter Strom stehen, wenn wir mithalten wollen in der Hast von Alltag und Karriere. Wer dazu nicht in der Lage ist, schafft sich selbst ab.

Verrückt, dass uns die Digitalisierung der Bilder dabei zugleich ihre Unabschaffbarkeit beschert hat. Denn, einmal im Internet, lässt sich ein Abbild – und sei es ein noch so verhasstes, verfälschendes oder gar verfälschtes – nicht mehr aus dem digitalen Gedächtnis der Welt tilgen: Das Bild von der Abifeier, auf der man mal die Bierflasche halten sollte, damit der Foxi ein Foto machen kann, der Schnappschuss vom Strand auf Mallorca, bei dem das Bikini-Top verrutscht war, die irre Fratze, die man nur verstünde, wenn man die Achterbahn sehen könnte, die sich hinter der Szene aufbäumt – alles Bilder harmlosester Art. Aber wenn der Arbeitgeber, bei dem man sich bewirbt, mal googelt, dann brechen sie einem das Genick. Keiner will einen notorischen Säufer, ein Flittchen oder einen durchgeknallten Spinner anstellen.

Zum Glück muss ich mich ja nicht mehr irgendwo bewerben. Und wenn ich den Feldversuch mache und mein eigenes Bild auf Google suche, dann blicke ich mir zu meiner großen Erleichterung äußerst seriös von der Website der Ludwig-Maximilians-Universität München entgegen. Zunächst. Doch dann, keine drei Zeilen weiter, entdecke ich *Das große Buch der bayerischen Glückwünsche*. Was hat dieses Buch mit mir zu tun? Ich klicke also darauf und gelange zu einer Seite des Internethändlers Amazon. Auf der aber steht neben dem Bild keineswegs das Buch über die bayerischen Glückwünsche, mit dem ich nicht das Entfernteste zu tun habe, sondern eines, das ich vor langer Zeit einmal gemeinsam mit meiner Frau herausgegeben habe, eine Anthologie von Gedichten großer Poeten. Was tun? Ich weiß es nicht. Vielleicht ganz einfach eine gemütliche Kaminfeuer-DVD einlegen und dankbar sein, dass sich nicht noch viel größere Missverständnisse ins Internet eingeschlichen haben. Jedenfalls bisher. Da kann ich mich ja nur beglückwünschen: »Himmiherrgottsakra – pfundig, wia des ausschaugt, wenn ma di gugld.«

Wohin, um alles in der Welt?

Jahrelang habe ich mich gewehrt. Mit guten Argumenten habe ich versucht, es meiner Frau auszureden. »Wenn du jetzt schon keinen Orientierungssinn hast, dann wirst du nachher erst recht keinen mehr haben«, habe ich ihr gesagt.

»Wenn ich jetzt keinen habe«, hat sie geantwortet, »dann macht es nichts. Ich habe ja nichts zu verlieren.«

»Doch!«, habe ich widersprochen. »Du verlierst deine Selbstständigkeit.«

»Das glaubst du doch selber nicht. Ich bin dann viel weniger abhängig von dir und deiner Orientierung.«

»Aber du verlierst deinen freien Willen. Denn ich mache bekanntlich immer, was du sagst. Da kannst du dir bei ihm nicht sicher sein. Er ist immerhin ein Roboter.«

»Ach, so ein Quatsch. Du willst mir bloß keinen schenken.«

Das traf natürlich tief. Denn ich lasse mir ja sicherlich einiges nachsagen, Geiz gehört aber nicht dazu. Also habe ich mich überwunden und bin kurz vor Weihnachten in den Elektronikmarkt meines Vertrauens gegangen, um mich beraten zu lassen.

»Europa? Oder weltweit?«, wollte der Händler wissen. Ich war überfordert. So genau hatte ich mir das nicht überlegt und so ausufernd hatte ich es mir auch gar nicht vorgestellt. »Eigentlich würde Deutschland reichen. Glaube ich. Könnte man denn upgraden?« Tolles Wort! Ich liebe es. Vor allem lässt es sich so vielfältig einsetzen, weil es einen so weich interpretierbaren Sinn in sich trägt.

»Nicht bei allen. Aber bei dem hier zum Beispiel würde es gehen.« Er nimmt also eine Schachtel zur Hand, die mit Plastikband verschnürt und verschweißt ist, und hält sie mir unter die Nase. »Ist unser Weihnachtsspecial.«

»Ah.« Sieht aus wie alle anderen Schachteln auch. »Und was kann es?«

An dieser Stelle folgen Ausführungen, die ich in ihrer Komplexität so schnell verdrängt habe, dass der Anfang eines jeden Satzes sich längst aus meinem Gedächtnis geflüchtet hatte, ehe das Ende des betreffenden Satzes erreicht war. Und ich schwöre: Die Verkäufer in Elektronikfachmärkten bilden selten mehr als Dreiwortsätze.

Nach ausführlicher Beratung also trage ich meine Trophäe nach Hause. Es ist eine etwas teurere Version geworden, aus guten Gründen, die ich aber, soweit sie objektiv sein sollen, nicht verstanden habe. Subjektiv ist bei Geschenken (zumal solchen für die Ehefrau) die teurere Lösung bekanntlich immer die bessere. Das Ding ist also jetzt auch mein Weihnachtsspecial – und meine Gattin wird ehrlich überrascht sein.

Ist sie dann auch! »Du hast mir ein Navi geschenkt? Wow!!!« Kein Perlengehänge, kein Brillantohrring hätte mehr Begeisterung auslösen können. Weihnachten war also gerettet. Das Navigationsgerät bekam einen schönen Platz unter dem Baum und wanderte am nächsten Tag vorübergehend in den Keller, auf dass ich das Ding alsbald im Auto installierte. Es hat dann doch etwas länger gedauert. Aber immerhin habe ich es noch in den Ferien endlich im Auto angebracht – wenn auch in den Osterferien. Nachdem der blöde Saugnapf an der Fensterscheibe zum siebzehnten Mal heruntergekracht war, hatte ich auch schon begriffen, dass man ihn festhebeln muss (wobei ich in der Rückschau nicht sicher bin, ob mir das nicht meine Frau gezeigt hat). Stöpsel in den Zigarettenanzünder, Kabel an den Bildschirm und los geht's! Zuerst haben wir nur getestet, haben uns langsam hineingearbeitet, uns Routenprofile anzeigen und Beispiele vorführen lassen. Nicht immer stand das nötige »GPS-Signal« zur Verfügung. Aber irgendwann fanden wir, dass wir wüssten, wie es geht. Und dann hat meine Frau mal eine Probefahrt gemacht.

Nein, nicht, was Sie jetzt denken. Ich bin immer noch glücklich verheiratet und erfreue mich der täglichen Anwesenheit meiner Frau. Aber ich gebe zu, es muss doch abenteuerlich gewesen sein. Jedenfalls hat mich meine Frau mehrmals während ihrer ersten Fahrt mit dem Navi per Mobiltelefon angerufen, um mir zu berichten, wo sie nun gelandet sei. Das war dann immer eine Überraschung für uns beide, denn den Weg zu meinen Schwiegereltern (den sie als Erstes ausprobieren wollte), kennen wir beide. Offenbar kennen wir ihn besser als das Navi.

Nun muss man so einem Lotsen natürlich zubilligen, dass er auch erst einmal lernen muss. Aber er braucht dann doch ein wenig lang. Vor allem lernt er auf eine waghalsige Art und Weise. Nicht nur, dass er »Jetzt links abbiegen!« befiehlt, wenn da gar keine Gelegenheit zum Abbiegen ist oder »Bitte wenden Sie jetzt!«, wenn man sich auf einer kerzengeraden, stark befahrenen Landstraße ohne Abzweigungen mit durchgezogener Mittellinie und Straßengräben beiderseits der Fahrbahn befindet. Er schickt einen auch in Einbahnstraßen – leider von der falschen Seite her.

Für meine Frau war es nicht nur die erste Fahrt mit dem Navi, sondern vorläufig auch die letzte. Leider hat sie das Ding jetzt mir aufs Auge gedrückt. Dabei ist sie die beste Kartenleserin aller Zeiten. Mit meiner Frau auf dem Beifahrersitz und einer einigermaßen aktuellen Straßenkarte, kommt man immer ans Ziel. Und zwar ans richtige. Und manchmal sogar ohne größere Umwege. Lebend! Das würde ich so über unser Navi nicht sagen. In meinem Fall agiert es ja ein bisschen anders als bei meiner Frau. Zum Beispiel musste ich mich daran gewöhnen, dass es dauernd »Achtung!« sagt. Ich fahre los und bin kaum im dritten Gang, da hält es mich schon zur »Achtung!« an. Ich bin auf freier, gerader Strecke unterwegs und gleichwohl mahnt es mich zur »Achtung!« Meine Frau hat dann herausbekommen, was es mit seiner »Achtung« dauernd hat und warum es das immer nur bei mir loswird, nie aber bei ihr: Ich fahre zu schnell, und das Navi merkt das! Seither fühle ich mich sehr viel konkreter beobachtet, wenn das Ding eingeschaltet ist. Denn kaum habe ich mal das Navi aus dem Kopf, erinnert es mich mit seinem »Achtung!« an seine Existenz und damit an meine Fehlbarkeit. Und, mal ehrlich, wer will sich seine kleinen Unzulänglichkeiten schon alle paar Minuten vorhalten lassen?

Das Navi hat sich also nicht eben beliebt gemacht bei mir. Allerdings hat es, wie jeder Roboter, die Gelegenheit genutzt und ist klammheimlich zum Familienmitglied geworden, das jetzt auch immer mit in den Urlaub will, wenn wir einen Mietwagen haben. Während ich am Steuer Blut und Wasser schwitze, wartet die ganze Rasselbande, die sonst noch mitfährt, dauernd darauf, was es als Nächstes bringt. »Bitte in dreihundert Metern rechts abbiegen auf die B 5«, wenn man die B 5 gerade passiert hat? »Route wird neu berechnet«, wenn man auf gerader Strecke anweisungsgemäß fährt? »Sie haben Ihr Ziel erreicht«, wenn man in der Mitte zwischen zwei Autobahnausfahrten mit einem Überholmanöver zugange ist? Alles schon da gewesen. Unsere Kinder können inzwischen perfekt den speziellen Tonfall des Navis nachahmen.

Waren es nicht schöne Zeiten, als man noch an den Straßenrand fuhr, sich gemeinsam über die Karte beugte, feststellte, dass es neben der kerzengeraden roten Bundesstraße auch noch eine kleine gelbe gibt, die sich in zahlreichen Windungen durchs Land schlängelt und vermutlich viel schöner ist, als man auf Reisen noch Kapitän war und mit dem Finger abmaß, wie weit es nach Maßstab ungefähr sein musste, als man noch aus dem Fenster schaute und sich auf die Umgebung konzentrierte, statt auf einen kleinen Monitor an der Windschutzscheibe? Ich behaupte ja, für viele Familien hat das Navi den Gameboy abgelöst. Als wir als Kinder früher hinten saßen, haben wir (zwar gelangweilt, aber mit großem Gewinn) aus dem Fenster geschaut und etwas von der Welt gesehen. Die jüngere Generation hat kleine Bildschirme als Ersatzprogramm entdeckt und sich von ihnen fesseln lassen. Vielleicht muss das so sein. Zumindest ist das Navi kommunikativ weniger verödend als der Gameboy.

Zum Spaß könnte man also durchaus über solches Teufelswerk nachdenken. Wer Beschäftigung braucht oder seine CO_2-Bilanz endlich mal richtig versauen möchte, für den ist ein Navigationsgerät perfekt geeignet. Alle anderen sollten darüber vielleicht noch einmal grübeln. Zum einen nimmt einen das Ding in Geiselhaft. Das Navi ist der Abschied von der Freiheit, die jeder Fahrt doch irgendwo innewohnt. Wir machen uns zum Sklaven einer Maschine, die so tut, als würde sie für uns denken (und, im Ernst: Wollen Sie wirklich jemand anders für sich denken lassen?), aber in Wirklichkeit uns nur beobachtet. Denn natürlich kann eine Navigation von A nach B nur funktionieren, wenn das Gerät weiß, wo wir gerade sind. Wenn es aber das Gerät weiß, dann können es viele wissen! Falls es nicht schon längst geschieht, wird es sicher nicht mehr lange dauern, bis die Bewegungsprofile der Navigationsgeräte in Millionen Autos von der Marketingindustrie ausgewertet werden. Dann werden wir, ohne dass wir ahnen, weshalb, plötzlich auf Routen geführt, die uns stets an unseren bevorzugten Geschäften vorbeifahren. Sie kaufen öfter bei Tengelmann? Ihr Navi wird es nach wenigen Fahrten erkennen und Ihnen in Zukunft Routen anbieten, die Sie bevorzugt bei Tengelmann vorbeiführen. Sie meinen, Sie kennen den Weg zu Tengelmann so gut, dass Sie da nicht das Navi einzuschalten brauchen? Clever gedacht! Aber Ihr Navi ist noch cleverer. Denn das Spiel funktioniert auch umgekehrt. Sobald Sie eine Kundenkarte von Tengelmann haben, kann der Händler Ihres Vertrauens sich mit allen Navigationsgeräteherstellern in Verbindung setzen und vereinbaren, dass Ihnen in Zukunft auf Ihrem Navi jeder Tengelmann angekündigt wird, dem Sie sich nähern. Tengelmann weiß einfach, wo Sie sind!

Das wirft die Frage auf, warum mir das Navi im letzten Urlaub mehrere Spielhallen angezeigt hat, obwohl ich noch nie in einer war. Na ja, vielleicht ist die Marketingindustrie doch nicht so clever, wie ich ihr immer unterstelle. Oder ich muss mal mit meiner Frau reden ...

Fish 'n' Chips

Demnächst wird es auf dem Erdenrund kein Ding mehr geben, das ohne Chip funktioniert. Mir ist das aufgefallen, als ich kürzlich einen dieser Männer-Verschwörungs-Agenten-Thriller gesehen habe, bei denen meine Frau immer einschläft. Bisher waren mir diese Filme nicht als überwältigend intellektuell aufgefallen, sondern eher als leichte Kost für den Feierabend. Und dann das: Der Held besorgt sich – in achtundzwanzig Zwischenschnitten binnen sechsundzwanzig Sekunden präsentiert – ein Handy in einem kleinen Laden mitten auf einem belebten Bahnhof. Er schaltet – diesmal nur acht Filmschnitte – auf der Toilette schweißtriefend den Chip frei (weiß der Geier, woher er den geladenen Akku hat, ich muss immer ein paar Stunden warten, ehe ich so was erledigen kann), loggt sich mobil mit dem neuen Handy irgendwo ein, Zahlenkolonnen rattern über das Display, schließlich blinkt ein roter Code viermal, und dann explodiert irgendwo auf der Welt ein Herzschrittmacher

– logischerweise exakt in dem Augenblick, in dem der Träger des Herzschrittmachers den Finger am Abzug einer Pistole krümmen will, um eine schöne Frau oder wahlweise ein behindertes Kind sinnlos zu töten.

Also, ich gestehe: Seit es in den Actionfilmen immer öfter um die Computerfähigkeiten der Helden geht, werden selbst banale Handlungsstränge für mich undurchschaubar.

Dass heute jeder Geheimdienstler offenbar einen Chip unter der Kopfhaut trägt und einen weiteren in der Kniekehle, um den Kopfchip im Fall seiner Enttarnung zu neutralisieren, gehört vermutlich längst zum guten Ton in den Zentralen zwischen Langley und Pullach. Wer heute kein Informatikgenie ist, braucht beim Geheimdienst sicher nicht mehr anzutreten. James Bond? Wenn er nicht auf Fortbildung geht, wird er bald abdanken müssen. Die Zukunft gehört den Jason Bournes und all den Computergehirnen, die zwar kein Steak mehr braten, aber dafür mal eben ein Kernkraftwerk zur Raumstation umprogrammieren können. Das haben die Agentenhelden übrigens mit vielen Berufsgruppen gemein – und nicht nur mit den Hightechjobs. So etwas wie Automechaniker gibt es heute nicht mehr. Heute wird man zum »Mechatroniker« ausgebildet. Denn im Auto steckt nicht nur ein Chip, sondern es stecken ganze Vorratspackungen davon.

Die Bordelektronik macht aus dem Armaturenbrett ein Cockpit. Die Mittelkonsole wird zur Servicestation. Und wenn irgendwo ein Lämpchen blinkt (ein LED-Lämpchen freilich), dann bedeutet das nicht, dass irgendwo ein Draht locker, eine Dichtung gerissen oder ein Reifen platt ist, nein, es signalisiert, dass ein elektronischer Impuls entweder nicht ausgelöst wurde oder sein Ziel nicht erreicht hat. Mit anderen Worten: Irgendeiner der hundertfünf Chips in dem Wagen hat den Geist aufgegeben und ein Mechatroniker muss jetzt mit einem schlauen Gerät kommen, das ihm verrät, welches Ding er durch ein anderes Ding ersetzen soll.

Klingt einfach. So wie Mechatroniker wichtig klingt. In Wirklichkeit ist das meiste nur Plug and play, wie man so schön sagt: Eine Maschine analysiert das Versagen einer anderen Maschine – und dann wird einfach ein Teil ausgetauscht. Keiner weiß, warum eigentlich. Das interessiert auch kaum jemanden. Schließlich soll es schnell gehen und effizient sein. Langes Tüfteln, gar Berufserfahrung durch langjährige Praxis und am Ende noch stundenlanges Herumschrauben, das ist nicht, was eine moderne Firma will. Sie will Mitarbeiter, die funktionieren, nicht solche, die etwas ausprobieren, vielleicht sogar noch improvisieren oder durch kluge Lösungen eine für den Kunden günstige Lösung finden.

Der Chip ist die Lösung. Man weiß nicht, warum er was macht – und schon gar nicht, wie er es macht. Der Mechatroniker weiß es nach meiner Erfahrung am allerwenigsten. Aber er funktioniert. Der Mechatroniker. Nicht der Chip. Denn der Chip funktioniert erstaunlich selten.

Das gilt für die Chips im Auto ebenso wie für die in der Waschmaschine, im Geschirrspüler, im Herd, im

MP3-Player, im Hörgerät, im Scanner, im Drucker und in all den anderen schönen Gerätschaften, die Gott geschaffen hat (oder solche, die sich für Gott halten).

Umgekehrt können Sie mit ihrem Auto eine »gewöhnliche« Panne kaum mehr haben. Den Mechatroniker, der noch einen Keilriemen flicken kann, müssen Sie schon auf dem platten Land suchen. In Rumänien. Der ist dann aber auch noch der gute alte Automechaniker. Ein Mechatroniker ohne Chip, der ist wie der sprichwörtliche Fisch ohne Fahrrad: ein lauer Scherz.

Kondome einst und jetzt

Man will es sich ja nicht gern eingestehen, aber es ist leider wahr: Die Zipperlein kommen. Und zwar früher, als man dachte. Kaum schlägt die Lebensuhr vierzig Mal, schon hängt man mehr in Wartezimmern herum als in Fußballstadien (wobei ich ehrlicherweise gestehen muss, dass es mich in meinem ganzen Leben bisher nur dreimal in ein Fußballstadion verschlagen hat; in einem Fall war's ein Open-Air-Konzert). Die Blutwerte hier, die Schilddrüse da, ein kleiner Fersensporn, der zwickt, die Hüfte, die zwackt … Wahrscheinlich nicht nur als Privatpatient nimmt man ein Bündel Rezepte mit, von denen man einige sogar gegen die entsprechenden Medikamente einlöst, die man zum Teil sogar einnimmt, mitunter regelmäßig und bisweilen sogar in der verschriebenen Dosierung. Dann stehe ich also in der Apotheke, lege meine Verschreibungen auf die Theke, und eine freundliche Mittzwanzigerin mit Pferdeschwanz fragt mich streng: »Haben Sie eine Kundenkarte?«

Die Frage höre ich praktisch jedes Mal, wenn ich irgendwo etwas einkaufe. Wenn ich von allen Läden, in denen ich danach gefragt werde, Kundenkarten hätte, müsste ich den Einkaufswagen schon von zu Hause mitbringen, um die gesammelten Karten überhaupt transportieren zu können. Kundenkarten sind wahrscheinlich die größten Glücklichmacher der Konsumwelt. Ich hab's bloß noch nicht begriffen. Wer eine Kundenkarte hat, bekommt regelmäßig entweder ein Prozent vom Einkaufswert gutgeschrieben oder Bonus-Punkte, ab und zu erhält er mit der Post Gutscheine für Dinge, die zu kaufen ihm nie eingefallen wären und von denen er vielleicht aus purer Dummheit noch nicht weiß, dass er sie dringend braucht. Die meisten dieser Gutscheine sind ja inzwischen Internetgutscheine, das heißt, man muss auf eine bestimmte Website gehen und einen Code eingeben. Was danach passiert, weiß ich allerdings nicht, weil ich mich standhaft weigere, alle diese Websites zu besuchen und schon gar, irgendwelche Codes einzugeben. Mir ist suspekt, was zwischen meinen Computer und demjenigen, an den ich diesen Code schicke, geschieht. Schalte ich womöglich eine bisher verschlossene Kommunikationsmöglichkeit frei, die ich lieber nicht freischalten sollte? Vermutlich muss ich meine E-Mail-Adresse auch noch angeben – und in der Tat: Dann öffne ich eine Büchse der Pandora. Denn wurde bisher dank Kundenkarte nur mein Briefkasten mit unerwünschter Werbung verstopft, so wird es von diesem Moment an auch noch mein E-Mail-Account. Schlimm genug, dass meine E-Mail-Adresse aus beruflichen Gründen nicht geheim zu halten ist.

Weshalb alle Penisverlängerer dieses Planeten denken, man bräuchte eine Penisverlängerung, wenn man einen E-Mail-Account hat, wird mir auf ewig ein Rätsel bleiben. Auch die Viagra-Verkäufer, die Single-Sex-Partnervermittler und jede Menge südafrikanische Anwaltskanzleien, die völlig unerwartete Millionengewinne zu verteilen haben, treten sich in meiner Mailbox sozusagen gegenseitig auf die Füße (die globale Finanzkrise wäre bereits vom Tisch, wenn ich alle Erbschaften und Lottogewinne von Verwandten, die ich nie kannte, beziehungsweise Glücksspiele, an denen ich nie teilgenommen habe, angetreten hätte). Aber nun auch noch selbsttätig die Pforten öffnen und selbst für die Verbreitung der Internetadresse sorgen? Und dann wird mir ständig Hornhautsalbe angeboten, nur weil ich sie einmal in einer Apotheke gekauft habe.

Womit wir wieder bei der Apotheke wären: Wenn ich da meine Kundenkarte zücke, dann wird gespeichert, was ich alles gekauft habe. Vermutlich ist der Zweck der Übung, dass man mich gezielter mit Werbung belästigen kann. Ob die Mittzwanzigerin mit dem Pferdeschwanz und der entschiedenen Stimme auf ihrem Bildschirm sieht, dass ich immer eine bestimmte Marke Damenbinden kaufe oder eine bestimmte Sorte Kondome (und was sie gegebenenfalls daraus schließt), das ist mir leider nicht bekannt. Aber irgendjemand, den ich nicht kenne und der mich nicht kennt, wird es sehen und sich seine

Gedanken darüber machen. Will ich überhaupt, dass sich irgendjemand irgendwo Gedanken über mich und meine Kondome macht?

Sicher, früher war das auch immer eine delikate Angelegenheit. Aber da hatte es etwas unausgesprochen Augenzwinkerndes, wenn man zum altvertrauten Apotheker ging und mit den halb genuschelten Worten »Und dann hätte ich gern noch die hier«, das Päckchen Kondome auf die Theke legte, von wo es ebenso schnell in einer diskreten Tüte verschwand. Ich behaupte ja, es gab einst Apotheker, die hatten für ihre Stammkunden schon entsprechend präparierte Tüten hinter der Kasse liegen, so dass selbst der kurze Augenblick der Offenbarung am Ladentisch entfiel und alles, was diskret bleiben sollte, diskret blieb. Ja, das waren noch Zeiten, als man seinen Apotheker kannte! Heute ist es nur noch umgekehrt – der Apotheker kennt dich.

Elektrotik

Fragen Sie sich das auch manchmal, welche von ihren Bekannten, Nachbarn oder Freunden das wohl sind, die der Sexindustrie durch den Kauf der bizarrsten Hilfsmittel zu immer neuen Umsatzhöhenflügen verhelfen? Ich frage mich das ja ehrlich gesagt nicht. Ich will es lieber gar nicht wissen. Obwohl, es gibt einen Punkt, bei dem ich mich wirklich frage: Wer um alles in der Welt …?

Es ist mir noch gut in Erinnerung, wie sich die jungen Lifestyle-Magazine von *Tempo* bis *Wiener* mit dem damals neuen Phänomen Cybersex befassten. Und ich weiß auch noch, dass ich zuerst einmal nachschlagen musste, was Cyber überhaupt heißt. Das habe ich inzwischen einigermaßen verstanden. Was Cybersex wirklich ist oder sein kann, darüber tappe ich immer noch ein wenig im Dunkeln (wobei ich mir, falls es in diesem Tal der Ahnungslosen tatsächlich einmal Licht werden sollte, vermutlich wünschen werde, es sei dunkel geblieben). Damals also, in den frühen achtziger Jahren, bevölkerten Menschen in schwarzen Ganzkörperlatexanzügen die Zeitschriften. Kabel hingen an jedem Quadratdezimeter ihrer solchermaßen verborgenen Luxuskörper (denn natürlich waren sie alle schlank wie Cat Woman oder Spiderman, bei dem die Fäden aber zumindest nur an den Fingerspitzen kleben). Brillen, wie man sie heute von Bildern aus dem Afghanistaneinsatz amerikanischer Soldaten kennt, verbargen ihre Augen; wahlweise waren es auch Helme, die sie zur Lustgewinnung über ihre Köpfe gestülpt hatten.

Aber mal ehrlich: Kann ein Helm luststeigernd wirken? Calimero ein Sexgott? Egal. Zumindest eines mussten diese irdischen Aliens nicht: erotisch wirken. Denn alles sollte sich ja im Inneren dieser Raumanzüge abspielen, wenn ich das Prinzip richtig verstanden habe. Eine virtuelle Welt des absoluten Sex.

Ob jemals jemand so einen Anzug wirklich besessen hat? Ob jemals so ein Anzug wirklich »funktioniert« hat in dem Sinn, dass sich nicht nur masochistisch veranlagte Klaustrophobiker darin vergnügen konnten? Ich weiß es nicht. Interessant ist, dass damals, Anfang der achtziger Jahre, die ersten Schlaumeier darauf gekommen sind, dass die Zukunft des Sex elektronisch sein müsse. Denn den ultimativen Kick sollten ja die Dioden liefern, die vom Schambein bis zum Gaumenzäpfchen über alle Körperpartien verteilt waren, um durch Volt das Ohm zu testen.

Dagegen nimmt sich zwanzig Jahre später der Stand des Cybersex geradezu rückständig aus. Denn offensichtlich hat sich die Elektrotik zu einem Deus ex Machina entwickelt: Sie findet vor einem Bildschirm statt und ist nur sehr bedingt interaktiv. Wenig tröstlich stimmt angesichts des dramatischen Sinnesverlusts der Umstand, dass handwerkliche Qualität offenbar zu neuen Ehren gelangt ist. Denn die Schwachstellen aus der Frühzeit der erotischen Cyberraumfahrt sind geblieben: Was in echt ein Vergnügen für alle fünf Sinne ist, verkommt in der digitalen Welt zum optischen Entertainment, gelegentlich mit akustischer Unterstützung. Aber auch hier treibt die schöne neue Welt die Menschen zunehmend in die Vereinsamung. Wo ist noch das Abenteuer des Schönen, Wahren und Guten: des Echten? Auch hier weiß die junge Generation alles, noch ehe sie es erlebt. Wo bleibt die Entdeckung, die Überraschung, die Forschung am lebenden Partner? Es mag ja sein, dass in der Luft- und Raumfahrt das intensive Proben am Simulator eine Menge Sicherheit bringt. Aber ein Absturz bei echtem Sex echter Menschen hat ja üblicherweise auch weniger Tote zur Folge. Nein, ich bin dafür: Abends die Kiste ausmachen und dafür mal etwas entspannter rein in die Kiste. Die andere.

Inzwischen gibt es geschätzt mehr Internetseiten mit erotischen Inhalten (oder solchen, die es gern wären) als Menschen auf unserem Planeten. Keine Frage: Hier wird massiv Aufklärung betrieben. Alles, was Sie lieber nie über Sex gewusst hätten, erfahren Sie inzwischen beinahe zwangsläufig. Ohne einen weiblichen, weitgehend textilfreien Eyecatcher tritt selbst die biederste Internetzeitung kaum mehr auf. Und wer es genauer wissen will, der klicke auf »Mehr von …« Damit ist in der Regel natürlich gemeint: »Weniger an.«

So trennt es sich schöner

Kürzlich haben sich entfernte Bekannte von uns getrennt. Das war traurig, vor allem, weil die beiden auch Kinder haben. Aber natürlich war es eine Trennung in aller Freundschaft und ohne großes Trara. Das heißt, ganz ohne Trara ging es dann doch nicht, was aber nur daran lag, dass sie sogenannte Promis sind. Beide.

Die Trennung erfolgte also offiziell durch eine Pressemitteilung. Man wollte vorbeugen, dass falsche Gerüchte in Umlauf kämen. Das ist sicher eine sehr vernünftige Vorgehensweise. So kann man auch die Berichterstattung, die unweigerlich kommt, ein wenig steuern.

Eine Bilderbuchtrennung also. Und das sogar irgendwie im doppelten Sinn. Denn kaum war aus dem Paar ein ehemaliges Paar geworden, fand sich eine bemerkenswerte Fotostrecke der Frau in einer großen Gesellschaftszeitschrift, nach dem Motto: »Da siehst du, worauf du verzichtest, du Schwachkopf.«

Ich muss gestehen, ich habe sie erst gar nicht erkannt.

Hätte meine Frau nicht gesagt: »Das ist doch die …«, dann hätte ich diese Bildstrecke mit dem gleichen Desinteresse durchgeblättert, wie das ganze restliche Magazin, das ich nur würdige, wenn ich für jede auch nur halbwegs vernünftige Beschäftigung zu müde bin. Und tatsächlich: Sie war es. Schön wie nie. So schön, dass sie gar nicht aussah, wie sie selbst. Genau genommen sah sie aus wie jemand ganz anderes. Eine Sängerin. »Die sieht aber aus wie die Habermann«, rief ich aus.

»Biedermann«, korrigierte mich meine Frau.

»Oder so«, sagte ich. »Wie haben sie sie denn so schminken können? Und so schlank ist sie doch auch nicht, wie sie hier aussieht.«

»Alles Bildbearbeitung«, klärte mich meine Frau auf. »Sie haben wirklich jede Falte retuschiert, die Nase korrigiert, die Hüften etwas schmaler, den Busen etwas fülliger, die Hände sind garantiert auch bearbeitet.«

Seither sehe ich die Welt mit anderen Augen. Dass Bilder retuschiert werden, ist ja nichts Neues. Früher hat man nicht nur Falten retuschiert, sondern gleich ganze Personen, ja ganze gesellschaftliche Gegenentwürfe aus dem Bild getilgt. Stalin lässt grüßen.

Aber auf den alten Fotos kann man die Manipulation meist noch erkennen. Auf den neuen Bildern, ist das nicht mehr der Fall. Man kann nur noch aus der absoluten Perfektion schließen, dass das, was man sieht, nicht der Wirklichkeit entspricht. Ein Bild ist ein Bild ist ein Bild, gehört der Vergangenheit an. Ich glaube nur, was ich sehe? Im Gegenteil: Glauben Sie bloß nicht, was Sie sehen, müsste es inzwischen heißen. Endlich wird mir klar, weshalb so viele Stars, die eigentlich parallel zu mir selbst altern müssten, so jung bleiben und auch viele Jahre später immer noch aussehen wie frisch aus dem Jungbrunnen entstiegen, während ich mit den Ablagerungen in der Körpermitte und mit einem Überangebot an Haut im Gesicht hadere (um nur einige Mängel zu erwähnen).

Neulich habe ich meine Frau beobachtet, wie sie an unserer Kamera herumdrückte. Ich dachte, sie schaut sich die neuesten Fotos an, und ich habe mich neben sie gesetzt, um mitzuschauen. Doch in Wirklichkeit hat sie die Fotos an der Kamera bearbeitet. »Ich suche mir den schönsten Ausschnitt heraus.« Das Bild wanderte nach oben, nach unten, nach links, nach rechts, kam näher, wanderte wieder nach links und noch ein bisschen nach unten, dann wurde es plötzlich heller, die Farben wurden stärker, ein leichter Lichtschein legte sich von der Seite über das Bild – und dann drückte sie ab, als würde sie ein zweites Mal dieses Bild fotografieren, allerdings in der perfektesten Version. Und das Motiv war fertig. »So sieht es viel besser aus.«

»Ach«, sagte ich. »Und das machst du immer?«

»Nicht immer. Aber ab und zu. Auf den meisten Fotos schaue ich sowieso so schrecklich aus.«

»Aber überhaupt nicht!«, rief ich aus. »Du siehst immer wunderschön aus!«

»Das musst *du* auch sagen«, sagte sie und lächelte mich an. »Und deshalb schneide ich dich auch nicht raus.«

Immerhin. Was will man mehr.

Auf subtile Weise ermöglicht die Digitalisierung, die Fotografie wieder als Kunst zu begreifen. Die digitale Kunst erleichtert aber auch Fotomanipulationen. Und so werden wir von einer zunehmend manipulierten Bilderflut überschüttet.

Alte Fotografien mochte ich immer schon. Seit ich weiß, wie neue Fotos entstehen, schätze ich sie noch mehr. Und endlich weiß ich die Eigenheit meines seligen Schwiegeropas ganz anders zu schätzen, der immer so gern fotografieren wollte, und je älter er wurde – und er wurde wirklich sehr alt – umso schrägere Fotos schoss. Wobei schräg wörtlich zu verstehen ist. Wenn ich ein Bild sehe, auf dem einige Köpfe zu sehen sind und darüber sehr, sehr viel Himmel, dann weiß ich, er hat es gemacht. Keine Bildbearbeitung konnte die Köpfe in die Mitte rücken, keine eitle Schwiegeroma konnte sich aus dem Bild herausschneiden, weil ihr Haar vom Wind verweht war.

Alte Fotos hatten Charakter. Sie hatten Stil. Manchmal schlechten Stil, gewiss. Aber sie hatten noch welchen. Und sie erzählten tausendmal mehr als die perfekten Illusionen, die wir heute mit unseren Digitalkameras erzeugen können. Denn alte Bilder waren ein Abbild der Wirklichkeit, während neue nur noch ein Abbild unserer Wünsche sind. Also werden meine Enkel oder Urenkel vielleicht einst erfahren: »So wollte Opa immer aussehen.« Aber nicht mehr: »Das war euer Opa.« Und während man früher andächtig ein schmales Fotoalbum in wenigen Minuten durchblätterte, wird man künftig ein paar Hunderttausend Bilddateien durchklicken, um daraus einen abendfüllenden Film zu drehen.

Immerhin: Im Trennungsfall – wie bei unseren Bekannten – kann eine solche Vorratsdatenspeicherung auch den Vorteil haben, dass sich Ballast schneller abwerfen lässt. Mussten früher noch alle Fotos von Hand zerrissen und in den Müll geworfen werden, ist es heute mit einem Druck auf die »Löschen«-Taste getan. Und sogar der elektronische Bilderrahmen ist ruck, zuck neu gefüttert.

Darum geht's doch gar nicht

Neuerdings ist meine Frau bei Facebook. Das geht dann so, dass sie abends, wenn wir gegessen haben, sagt: »Ich geh nochmal kurz auf Facebook, bis du mit der Küche fertig bist.« Und sie geht auch auf Facebook, sprich: Sie logged sich in ihr »Social Network« ein, wie man das so schön nennt. Dort trifft sie viele Freunde, während ich »die Küche mache«. Nach der Küche koche ich meist noch einen Tee, zu dem wir uns am Abend gern zusammensetzen, um dies und das zu besprechen, Nachrichten zu sehen oder ein gutes Buch zu lesen. Wir, das sind meine Frau und ich. Jedenfalls waren wir das bisher. Jetzt sind es meist nur noch ich und … ja, wer eigentlich? Die beiden großen Kinder hängen schließlich auch an ihren Computern – und das Baby schläft. Wenn es nicht schläft, spielen wir, bis es einschläft. Oder zumindest ich (was in der Regel eher der Fall ist). Die Rückkehr meiner Frau aus den Tiefen des virtuellen Paralleluniversums erlebe ich deshalb nach

Stunden meist im Halbschlaf und als quasireligiöse Erscheinung.

Sie war dann online mit Bekannten aus Ägypten, Südfrankreich, Kanada, Iran oder Australien (die bizarrerweise alle gleichzeitig in diesem »Social Network« waren, obwohl soundso viele Zeitzonen dazwischenliegen). Beseelt schwärmt sie von den Fotos des Nachwuchses der entfernten Verwandten einer entfernten Bekannten von jemandem, der sie mal – aus welchen nicht mehr nachvollziehbaren Gründen auch immer – eingeladen hat, sie als »friend« zu »adden«. Oder sie freut sich, dass sie eine alte Schulfreundin wiedergefunden hat, die die Zeitläufte ans andere Ende der Welt verschlagen haben, wo sie – inzwischen zweimal geschieden und nach soundso vielen Psychotherapien – jetzt als »Das-hab-ich-jetzt-vergessen-aber-irgendwas-mit-Oper« lebt. Überhaupt: die »Freunde«. Man sammelt sie. Es geht dabei um Quantität! Es ist noch nicht so lange her, da berichtete mir mein Sohn stolz: »Ich habe jetzt zweihundert Freunde bei Lokalisten!«

Ich sagte: »Aha. Und wie viele davon hast du in Wirklichkeit?«

Verständnisloses Anstarren.

Ich: »Das sind doch keine echten Freunde, Philip!«

Er: »Aber darum geht's doch gar nicht!«

»Und warum heißen sie dann Freunde?«

»Man lädt sie ein, man wird eingeladen, man added sie oder lehnt sie ab …«

»Warum heißen sie Freunde?«, insistierte ich.

»Und man versucht, möglichst viele zu bekommen!«, referierte Professor Internet weiter.

»Ja, aber wenn es keine Freunde sind, warum heißen sie dann Freunde?«

»Sie sind Freunde!«

»Eben hast du doch gesagt, darum geht es gar nicht.«

»Ach, Paps, du willst es nicht verstehen. Es gibt nun mal ›Freunde‹ und ›Freunde‹.«

»Aha. Und welche sind dann davon ›Freunde‹?«

»Wie jetzt? Meinst du ›Freunde‹ so als echte Freunde oder meinst du …«

»Freunde als falsche Freunde?«, schlug ich vor.

»Nein, Freunde als Lokalisten- oder Facebookfreunde.«

»Ich denke, die nennt man auch Freunde?«

»Ja, klar, äh …« Er sah mich zweifelnd an. Natürlich fragte er sich jetzt, ob sein alter Herr endgültig durchgeknallt war oder ob da noch Hoffnung bestand.

»Wenn du nicht zwischen den Begriffen unterscheiden kannst, Junge, dann kannst du auch nicht zwischen den Dingen unterscheiden – und du wirst niemals sagen, was du meinst.«

Okay, der Alte war durchgeknallt. »Alles klar«, sagte mein Sohn. Dabei wandte er sich schon ab. »Ich muss wieder an den Computer.«

»Du musst?«

»Der Jakob wartet auf Antwort.« Und weg war er.

»Der Jakob? Worauf denn?«

Keine Antwort. Ich beschloss, der Sache auf den Grund zu gehen. Was kann wichtiger sein, als mit seinem Vater

über Sinn und Unsinn des Internets und über die Nütz-
lichkeit einer gepflegten Sprache zu diskutieren?

Auf Zehenspitzen schlich ich mich heran und schaute
ihm über die Schulter.

hi, was geht ab?, las ich da.

alles klar. was machstn heut abnd?

ma schaun.u du?

Aha. Bis hier waren sie gekommen. Mein Sohn und
der Jakob. Und darauf erwartete Jakob also eine Antwort.

mathe. morgn schreibt der peltz ne ex. g.tiert.

Stolz schwoll meine Brust. Mein Sohn lernt! Ja, er
lernt nicht nur, er ist sogar so mutig, das zuzugeben! Mit
angehaltenem Atem las ich, was er weiter schrieb:

muss nochn spicker machn

Nun, das Leben ist kein Wunschkonzert. In solchen
Momenten beschließe ich, mich aus der digitalen Welt
lieber herauszuhalten. Kommunikation auf dem Niveau
ist nicht mein Ding. Natürlich kann man sich auch ge-
pflegter übers Internet austauschen. Meine Frau macht
das ganz ohne Zweifel. Bei ihr allerdings kann ich nicht
Mäuschen spielen. Gelegentlich wage ich es, bei ihr vor-
beizuschauen und eine möglichst selbstverständliche
Miene aufzusetzen. Doch sie durchschaut mich natürlich, nämlich als Störenfried, der auf perfide Weise versucht, ihre freundschaftlichen Kontakte zu sabotieren,
indem ich so tue, als könnte man den Tee nicht auch ein
bisschen später trinken oder sich nicht auch nachher
über Gott und die Welt unterhalten.

Oft sitzen unsere größeren Kinder gleichzeitig mit meiner Frau am Computer (jeder natürlich an seinem eigenen; im Fall meiner Frau ist es ein Netbook) und treffen sich dort mit ganzen Kleinstädten von Menschen, die ihnen irgendwann in ihrem Leben irgendwo über den Weg gelaufen sind und sich dann plötzlich per Internet wieder gemeldet haben, zum Beispiel, weil sie meine Frau dort aufgestöbert haben. Ich versuche, all das zu ignorieren. Aber auch mich stöbert gelegentlich jemand auf. Dann bekomme ich Mails wie:

Michael Kleiner wants to be your friend
Do you want to add to your friends network?

Was tun? Als digitale Nulpe konsultiere ich in einem solchen Fall meinen Sohn: »Wie gehe ich mit so was um?«

»Annehmen, natürlich!«, belehrt er mich wichtig und erklärt: »Wenn du es ignorierst, dann ist das unhöflich. Wenn du ablehnst, dann kannst du den Kontakt vergessen.«

»Den Kontakt? Du meinst, dann schickt er mir keine solche Mail mehr?«

»Ja, und auch sonst nichts.«

Das ist natürlich eine Versuchung! Ich überlege ernsthaft, ob ich nicht auf »Ablehnen« klicke.

»Und was ist das für ein Laden?«

»Laden?«

»Na, was ist das für ein Verein, zu dem er mich da einlädt?«

»Ach so! Keine Ahnung. Aber das kannst du dir ja anschauen.«

Mein Sohn klickt einmal hierhin, einmal dahin und nochmal irgendwohin – und wir sind auf einer Website für Singlekontakte. Singlekontakte?

»Singlekontakte«, bestätigt mein Sohn. »Und? Willst du annehmen?«

»Was annehmen?«

»Die Einladung.«

»Zu Singlekontakten? Sehe ich aus, wie ein Single?«

»Aber Paps, darum geht's doch gar nicht.«

»Wieso geht es im Internet eigentlich nie darum, worum es angeblich geht?«

»Du verstehst das nicht«, tröstet mich mein Sohn mit väterlicher Stimme und klopft mir auf die Schulter. »Du gehörst einer anderen Generation an.«

Womit er zweifellos Recht hat. Und ich werde ihm auch nicht auf die Nase binden, dass besagter Michael Kleiner locker noch eine Generation älter ist als ich. Also seufze ich und beschließe, meinen Weg konsequent weiterzugehen, der da lautet: Für »Social Networks« fehlt mir die Zeit, so was sollen andere machen. Also »Ablehnen«? Ja, die Verlockung ist durchaus groß. Doch dann steht mir mal wieder meine notorische Höflichkeit im Weg. Ich will ja auch niemanden kränken. Also dichte ich:

Lieber Herr Kleiner,
vielen Dank für Ihre Einladung! Wir waren ein
paar Tage im Urlaub, daher meine verspätete
Antwort.

*Wie schön, wieder von Ihnen zu hören! Ich freue
mich, Sie wieder so präsent in den Medien zu sehen
und lese immer mit Genuß Ihre Artikel.
Der Einladung (von der ich allerdings glaube, daß
sie inhaltlich sowieso nix für mich ist, weil ich in
festen Händen bin und es durchaus auch bleiben
möchte) folge ich lieber nicht. Dazu muss ich
erwähnen, daß ich in gar keinem Netzwerk vertreten bin, weder bei Facebook, noch bei Xing oder
sonst etwas Derartigem. Dazu braucht man Zeit.
Die habe ich aber nicht. Und wenn es was Wichtiges gibt, bin ich immer gern für alle erreichbar.*

*Herzliche Grüße
Ihr altmodischer Thomas Montasser*

Es hat übrigens gewirkt wie »Ablehnen«. Michael Kleiner hat nie wieder etwas von sich hören lassen.

Wir sind gleich für Sie da

Unser Sohn hat sich einen eigenen kleinen Urlaub in England ertrotzt. Nicht, dass wir ihn ihm nicht gönnen würden. Aber er stellt uns zurzeit vor gewisse logistische Herausforderungen. Nun, man tut, was man kann. Das Ergebnis ist, dass uns am Tag vor dem Abflug einfällt, dass der Junge ja in England britische Pfund braucht. Schrullig, wie die Briten eben sind, konnten sie sich bekanntlich immer noch nicht zu unser aller Euro-Währung durchringen (was dem Pfund nicht wirklich gutgetan hat, wie ich beim Blick auf die Wechselkurse feststelle). Ich fahre also auf dem Weg ins Büro rasch bei der Bank vorbei, um ebenso rasch ein paar Euro in Pfund zu wechseln. Doch so rasch geht das gar nicht. Die Zweigstelle hat nämlich gar keine Sorten mehr auf Lager. »Da müssten Sie schon zu unserer Zentrale fahren. Die hätte welche da.«

»In die Innenstadt? Das schaffe ich heute nicht mehr. Und mein Sohn fliegt morgen.«

»Ich könnte Ihnen welche bestellen.«

»Ah, wunderbar! Ab wann kann ich sie denn abholen?«

»Bis übermorgen wären sie da.«

Bei der zweiten und der dritten Bank auf meinem Weg ist es nicht anders. Also nehme ich mir das Telefonbuch in der Absicht, die Zweigstellen in meiner Nähe einfach mal durchzutelefonieren, ob man dort englische Pfund vorrätig habe. Ich brauche ja keine Geldtransporter voll. Hundertfünfzig Pfund reichen für die paar Tage. Der Junge wohnt schließlich dort bei Verwandten.

»Di-di-di-di-da-da-da, da-da-di-da-dieee, du-du-du-da-du-da ... (plötzlich, sehr jovial, eine weibliche Stimme:) Willkommen bei der Servicezentrale der Commerzbank!«

Servicezentrale? Habe ich nicht die Zweigstelle in der Poemstraße gewählt?

»Wir sind gleich für Sie da! (Sie muss was genommen haben, so aufgekratzt, wie sie klingt.) Um Sie gleich mit der richtigen Stelle verbinden zu können, sagen Sie mir bitte, um was es sich handelt. Haben Sie Fragen rund um unser Angebot ...«

Ich bin kurz in Gedanken verloren und nehme den Faden wieder auf, als sie sagt: »... dann sagen Sie bitte Filialauskünfte.«

Ich sage einfach mal: »Filialauskünfte.«

»Gut«, sagt sie, so aufgekratzt wie zuvor. »Geben Sie jetzt bitte Ihre Kontonummer, Ihre Pin und Ihre Tan ein.«

»Äh.«

»Entschuldigung?«

»Ich ...«

»Entschuldigung?«

Ich hole tief Luft. Wenn ich etwas sage, was sie nicht hören will, so viel ist mir jetzt klar, sagt sie so lange »Entschuldigung«, bis ich entweder das Richtige sage, oder bis einer von uns tot ist. Und wer das sein wird, darüber muss ich nicht lange nachdenken.

Ich lege auf und wähle eine andere Zweigstellennummer. Ohne langes Tuten meldet sich sofort die lebhafte Dame von eben: »Willkommen bei der Servicezentrale der Commerzbank! Wir sind gleich für Sie da! Um Sie gleich mit der richtigen Stelle verbinden zu können, sagen Sie mir bitte, um was es sich handelt. Haben Sie Fragen rund um unser Angebot ...« Wieder ertappe ich mich dabei, dass meine Konzentration nachlässt. Warum muss es eigentlich sein, dass man immer nur mit Maschinen spricht? Will ich »Kontoinformationen« oder »Filialinformationen«? Natürlich will ich Filialinformationen! Ich will wissen, ob die Filiale, deren Nummer ich gewählt habe, britische Pfund vorrätig hat oder nicht. Woher soll das aber eigentlich die Servicezentrale wissen? »Wenn Sie einen Berater sprechen wollen, sagen Sie bitte: Ja.«

»Äh, ja!«, rufe ich.

»Entschuldigung?«

»Ich sagte: Ja!«

»Entschuldigung?«

»Ja.« Seufz.

»Dann verbinde ich Sie jetzt mit ihrem zuständigen Berater. Bitte haben Sie einen Augenblick Geduld.« Di-di-di-di-da-da-da, da-da-di-da-dieee, du-du-du-da-du-da ... Di-di-di-di-da-da-da, da-da-di-da-dieee, du-du-du-da-du-da ... Di-di-di-di-da-da-da, da-da-di-da-dieee, du-du-du-da-du-da ... Di-di-di-di-da-da-da, da-da-di-da-dieee, du-du-du-da-du-da ... Di-di-di-di-da-da-da, da-da-di-da-dieee, du-du-du-da-du-da ... Di-di-di-di-da-da-da, da-da-di-da-dieee, du-du-du-da-du-da ...
»Leider wird auf allen Leitungen gesprochen. Sie werden mit dem nächsten frei werdenden Mitarbeiter verbunden.« (Ich fühle, wie in mir etwas aufsteigt, was sich mit meinem an sich sanftmütigen Wesen nicht wirklich vereinbaren lässt.) Di-di-di-di-da-da-da, da-da-di-da-dieee, du-du-du-da-du-da ... Di-di-di-di-da-da-da, da-da-di-da-dieee, du-du-du-da-du-da ... Di-di-di-di-da-da-da, da-da-di-da-dieee, du-du-du-da-du-da ... (Ist es Groll?)
»Leider wird auf allen Leitungen gesprochen. Sie werden mit dem nächsten frei werdenden Mitarbeiter verbunden.« (Nein, es fühlt sich anders an.) Di-di-di-di-da-da-da, da-da-di-da-dieee, du-du-du-da-du-da ... Di-di-di-di-da-da-da, da-da-di-da-dieee, du-du-du-da-du-da ... Di-di-di-di-da-da-da, da-da-di-da-dieee, du-du-du-da-du-da ... (Stärker.) Di-di-di-di-da-da-da, da-da-di-da-dieee, du-du-du-da-du-da ... Di-di-di-di-da-da-da, da-da-di-da-dieee, du-du-du-da-du-da ... Di-di-di-di-da-da-da, da-da-di-da-dieee, du-du-du-da-du-da ... (Viel stärker!) Di-di-di-di-da-da-da, da-da-di-da-dieee, du-du-du-da-du-da ... Di-di-di-di-da-da-da, da-da-di-

da-dieee, du-du-du-da-du-da ... Di-di-di-di-da-da-da, da-da-di-da-dieee, du-du-du-da-du-da ... (Es ist ...) Di-di-di-di-da-da-da, da-da-di-da-dieee, du-du-du-da-du-da ... Di-di-di-di-da-da-da, da-da-di-da-dieee, du-du-du-da-du-da ... Di-di-di-di-da-da-da, da-da-di-da-dieee, du-du-du-da-du-da ... (Ja, es ist ...) Di-di-di-di-da-da-da, da-da-di-da-dieee, du-du-du-da-du-da ... Di-di-di-di-da-da-da, da-da-di-da-dieee, du-du-du-da-du-da ... Di-di-di-di-da-da-da, da-da-di-da-dieee, du-du-du-da-du-da ... (Mordlust!) »Hier ist die Commerzbank Servicezentrale, mein Name ist Breiter, was kann ich für Sie tun?«, meldet sich schließlich ein Mitarbeiter bester Laune und zweifellos bester Absicht.

»Breiter, Lahore?«, frage ich, kaum imstande, meinen Blutdurst halbwegs zu verbergen.

»Lahore? Nein, Sie haben in Duisburg angerufen.«

»Ich habe in Duisburg angerufen?«

»Ja, wir sind hier ...«

»*Ich habe in Duisburg angerufen?*«, brülle ich, ehe ich in irres Gelächter ausbreche.

»Was kann ich für Sie tun?«, fragt er unbeirrt. Natürlich: So ein Servicecentermitarbeiter kennt vermutlich gar keine Anrufer, die nicht einem Nervenzusammenbruch nahe oder weit darüber hinaus sind. Einer, der nicht klingt, als hätte er gerade eine Batterie scharfer Handgranaten im Anschlag, muss für ihn natürlich psychisch abartig wirken

Verlassen wir die Geschichte an dieser Stelle, denn der gute Serviceteammitarbeiter konnte ohnehin nichts für mich tun, und kommen wir stattdessen zum Grundsätzlichen: der digitalen Warteschleife. Egal, welches Großunternehmen Sie heute anrufen. Einen Menschen bekommen Sie dort nicht mehr zu sprechen. Stattdessen melden sich Musik und Automat. Ob Bank oder Versicherung, Stadtwerke oder – am allerallerschlimmsten Telekom – Sie sind überall »Willkommen«, überall ist »unser nächster frei werdender Mitarbeiter gleich für Sie da«, Sie werden überall nur »einen Moment um Geduld« gebeten, »die nächste freie Leitung« ist garantiert allerorten »für Sie reserviert«, denn überall sind »unsere Leitungen leider alle belegt«. Überall hält man Ihre Synapsen mit Musik am Leben, meist mit elektronischer. Manchmal klingt sie sogar gut. Für die ersten zwei Minuten. Und für die nächsten zwei eventuell auch noch. Doch nach den zehnten zwei Minuten spüren Sie, dass immer dieselben Rezeptoren strapaziert werden. Und irgendwann macht einen das Gedudel so mürbe, dass es vom Innenohr zum sich verflüchtigenden Haupthaar nur noch eine nicht mehr messbare Distanz ist. Denn schütteres Haar ist das, was diese Art von Terror als Naheliegendes begleitet. Callcenter sind eine traurige Errungenschaft unserer modernen Zivilisation. Noch trauriger allerdings sind elektronische Warteschleifen: Servicemaschinen. Geradezu grauenhaft wird die Entmenschlichung dort, wo man gar nicht mehr zu einem menschlichen Individuum vordringt, sondern an den Humanoiden der Sound Files scheitert, die in einem virtuellen Austausch – Interaktivität genannt – dafür sorgen, dass man sich im Idealfall selbst hilft.

Je mehr diese Art der Serviceonanie um sich greift, umso häufiger empfinde ich eine Art defätistischer Lust, das System auszutricksen. Dann verstricke ich Mitarbeiter in Endlosgespräche, die so sinnfrei sind wie eine elektronische Warteschleife, lasse mir Namen diktieren, kündige Beschwerden an, fordere Rückrufe, die ebenfalls in Endlosgespräche münden, nur um schließlich einem entnervten Mitarbeiter zu erklären, dass die elektronische Warteschleife seiner Firma betriebswirtschaftlich geschätzte 0,72 Euro erspart hat (die die Arbeitszeit einer echten Servicekraft für eine kurze, kompetente Auskunft gekostet hätte), dass ich sein Unternehmen aber durch mein feindseliges Geschwätz betriebswirtschaftlich um geschätzte 40 Euro erleichtert habe. »Sie werden über sechzig Anrufer durch das System schleusen und wieder rauswerfen müssen, um diese Ausgaben reinzuholen.«

Ja, das habe ich mir schon geleistet. Aber eigentlich reitet mich solcherlei anarchische Aufmüpfigkeit viel zu selten. Meist bin ich eben doch das Opfer in dem Spiel. Und manchmal muss mich daran gar mein Lieblingshassspruch erinnern, der – nachdem ich lange Zeit geduldig ausgeharrt habe – da lautet: »Leider sind alle Leitungen belegt. Bitte rufen sie zu einem späteren Zeitpunkt nochmal an.«

Stümper an die Macht

Neulich habe ich auf einem dieser kleinen Spartensender eine Dokumentation gesehen, die mich sehr beeindruckt hat. Es ist ja nicht so, als wäre ich vollkommen technophob. Im Gegenteil: Technik kann mich sehr begeistern. Wenn sie nur veraltet genug ist. Eine antike Nähmaschine: wunderbar. Ein schöner Oldtimer: traumhaft. Ein Grammophon: sensationell! Tja, und dann also diese Dokumentation, die mir einmal mehr vor Augen geführt hat, wie weit es mit uns gekommen ist auf einem Markt, der seine Faszination zu einem Großteil aus der Aura saugt, die er verbreitet: dem Flugreisemarkt.

Gezeigt wurde eine Maschine aus den 1940er Jahren. Ein Passagierflugzeug für den interkontinentalen Einsatz. Eine überschaubare Anzahl Passagiere bequemte sich seinerzeit in ausladende Fauteuils, umsorgt von elegant gekleideten Stewardessen, zwischen den exquisiten Mahlzeiten gut ausgestattet mit Lektüre und vorzüglichen Drinks. Zum Essen wurden Weine ausgewählter Provenienzen gereicht, die Herren (und manchmal auch die Damen) bedienten sich anschließend aus dem Humidor, kurz, es war ein mondänes Leben, in dem man selbst als Passagier sozusagen den natürlichen Mittelpunkt des Universums bildete.

Gewiss, damals konnte sich nur eine sehr kleine Anzahl von Menschen einen solchen Flug leisten, während heute ganze Problembezirke quasi im geschlossenen Verband aus mehr oder weniger heiterem Himmel über Mallorca und Gran Canaria herfallen, weil fliegen so billig geworden ist, dass man demnächst vermutlich bei einigen Airlines sogar eine Prämie kassieren wird, wenn man freiwillig in ein Flugzeug steigt. Frankfurt – London und zurück Linie für 1 Euro inkl. Steuern und Gebühren. Nur fürs Toilettegehen muss man dann noch zahlen. Fliegen ist also ein Zeitvertreib für alle geworden. Das zieht natürlich einen Verfall der Sitten nach sich. Und das liegt nicht nur an der Klientel, die ihr Beck's jetzt bevorzugt über den Wolken zwitschert. Das hängt vor allem mit den Fluggesellschaften zusammen, die sich ihre Kundschaft schon so erziehen, wie sie sie haben möchten: nämlich auch möglichst billig und massenhaft. Denn wo Stil ein Fremdwort ist, da muss man auch keinen Stil bieten. Und wo man unter Service etwas versteht, was man halbjährlich in der Autowerkstatt macht, da muss auch kein Service geboten werden.

Also fängt es beim Ticketreservieren an: Hat man früher noch den Weg ins Reisebüro auf sich genommen und das persönliche Beratungsgespräch gesucht, so kann heute jeder an jedem lausigen Internetanschluss seine Tickets selber buchen, zumal er ja auch nur dann in den Genuss von Billigtickets kommt. Vorausgesetzt, er hat eine Kreditkarte. Aber damit überschütten einen die Banken ja ohnehin. Also, Computer hochgefahren, »billig fliegen« eintippen, sich von Google auf irgendeine Seite manipulieren lassen und dort im Blindflug durch ein Dutzend »Weiter«-Seiten jetten. Am Ende weiß der Kunde nichts mehr, die Airline dafür alles – und der Internetanbieter noch mehr.

Vor einiger Zeit folgte auf solcherlei Aktion noch die Reaktion, dass ein paar Tage später klassische Tickets im Briefkasten lagen. In Zeiten von E-Tickets ist das passé. Heute muss man sich seine Bestätigung selber ausdrucken und mit zum Schalter bringen. Das heißt, nein, einen »Schalter« in dem Sinn gibt es ja eigentlich auch nicht mehr. Es gibt nur noch den Check-in, das ist da, wo man sein Gepäck aufgibt und sich einen Platz zuteilen lässt. Falls man zufällig noch einen solchen Check-in vorfindet. Denn auch die gibt es kaum noch. Das heißt, es gibt sie wohl, man kommt nur immer seltener dorthin. Vorgelagert nämlich stehen immer häufiger nicht nur »E-Ticket-Schalter«, sondern auch noch freundliche Menschen, die in einem Akt der begeisterten Selbstabschaffung darum bemüht sind, ihren Kunden zum Selbst-Check-in zu bewegen. »Sie haben nur Handgepäck? Dann können Sie sich schnell und bequem selbst einchecken, wenn Sie Ihren Ausweis hier reinschieben.

Darf ich Ihnen das mal zeigen?« Und noch ehe man seinen Restintellekt mit dem Check dieses charmanten Überfalls beauftragen konnte, hat man schon die Büchse der Pandora geöffnet, das heißt in diesem Fall, die Brieftasche, und seinen Ausweis gezückt, der sogleich in der Maschine landet, wo er – man ist ganz erstaunt, dass ein privates Unternehmen wie eine Airline so etwas überhaupt kann – eingelesen wird, um dann zu bestätigen, dass man ist, wer man ist, und dass man darf, was man will, nämlich für 79 Euro (es ist dann überraschenderweise doch teurer geworden, weil die Flüge für 1 Euro all inclusive »leider nicht verfügbar« waren) nach London fliegen, und zwar – so der Vorschlag der Maschine – auf Platz B in Reihe 28.

»Reihe 28 … Ginge das nicht ein bisschen weiter vorne?« Man weiß schließlich, dass die Passagiere im Heck die geringsten Überlebenschancen haben, wenn etwas schiefgeht.

»Aber gern!«, jodelt die Liebenswürdigkeit in uniformierter Person. »Sie müssen nur hier …« Der Rest zieht eher verschwommen an meinem geistigen Auge vorbei. Ich weiß ja, dass ich mir solche Abläufe nicht gut merken kann, weshalb ich es auch immer hasse, wenn wieder irgendwelche neuen Betriebssysteme auf den Markt kommen und irgendjemand meint, ich sollte »die nächste Generation« einer Software zu schätzen wissen, wenn ich mich gerade endlich an die alte gewöhnt habe und sie halbwegs beherrsche. Die Servicekraft strahlt mich also an, denkt, ich wüsste es ja nun für die Zukunft, ist sich womöglich selbst nicht ihrer Naivität bewusst – denn wenn es tatsächlich irgendwann jeder weiß, wozu ist sie dann noch da – und verabschiedet mich vom Selfservice zum Sicherheitscheck, über den ich nicht lästern will, weil es tatsächlich wenig gibt, was so interessant ist, wie das durchleuchtete Gepäck der Mitreisenden aus den Augenwinkeln auf dem Monitor zu betrachten, während man selber seinen Gürtel einfädelt und den restlichen Krempel zusammensucht. Außerdem wurde mir glaubwürdig versichert, dass die Digitalisierung im Bereich Röntgen ermöglicht hat, die Strahlendosis um ein Vielfaches zu minimieren, weshalb mein Flug vermutlich eine größere Belastung für meine Gesundheit darstellt als das Durchleuchten bei der Security. Ja, die digitale Welt hat auch ein paar Vorteile mit sich gebracht.

Der Service gehört nicht dazu. Den muss man nämlich zunehmend selber leisten. Vom Ticket über den Check-in bis hin zum Fliegen – demnächst. Sie werden dann vermutlich freundliche Servicekräfte an eine Batterie Flugsimulatoren stellen und den Passagieren mal eben rasch beibringen, wie man einen Jumbo fliegt, »Damit's beim nächsten Mal ganz von selber klappt.«

Bei der Bahn ist es natürlich nicht anders. Sogar dort haben freundliche Servicekräfte Position bezogen, um dem Kunden zu zeigen, wie man Tickets löst und sie abschafft (nicht die Tickets, die Servicekräfte).

Zugegeben, das Servicedilemma ist nicht originär ein elektronisch verursachtes. Der Verfall der Kundenpflege

111

hat spätestens seinen Anfang im Einzug der SB-Tankstellen gehalten. Wozu einen Tankwart bezahlen, wenn der Kunde sich auch selbst bedienen kann? Fastfood-Restaurants und Coffee Shops waren die logische Konsequenz. Doch die Möglichkeiten der digitalen Welt haben diesen Prozess nicht nur beschleunigt, sondern auch qualitativ verändert.

Wer sich heute mit etwas so Unzeitgemäßem wie einem ausgefüllten Überweisungsvordruck zur Bank begibt, wird feststellen, welchen Druck so ein Vordruck zu erzeugen vermag. »Haben Sie schon mal über Onlinebanking nachgedacht?« Diese Frage habe ich oft gehört. Und nie ist einer auf die richtige Idee gekommen, als ich geantwortet habe: »Schon sehr oft, ja.« Die richtige Idee nämlich wäre gewesen: Dann hat der Kunde offenbar kein Interesse an Onlinebanking, sonst hätte er mal was gesagt. Stattdessen glauben hundert Prozent aller Angestellten am Schalter, mit dieser Antwort wäre eine Einladung ausgesprochen worden, sich möglich engagiert, intensiv und hymnisch über das Onlinebanking zu äußern. Denn das geschieht regelmäßig. »Sie können Ihre Überweisungen ganz bequem von zu Hause aus tätigen.«

»Zu Hause will ich mich eigentlich nicht mit Bankangelegenheiten beschäftigen, wissen Sie.«

»Kein Problem. Das ist ja das Schöne: Mit dem Computer können Sie rund um die Uhr und sozusagen von überall aus Onlinebanking betreiben. Sogar aus dem Urlaub.«

»Im Urlaub will ich das noch viel weniger«, erkläre ich respektvoll. »Und rund um die Uhr schon gar nicht.«

»Ähm, gut, aber es ist doch eine komfortable Möglichkeit …«

»Komfortabel ist es vermutlich. Aber nicht für mich. Nur für die Bank. Weil ich meine Angelegenheiten ja selber erledige und nicht Sie darum bemühe.«

An dieser Stelle folgt meist ein leicht verstörter Blick. Offenbar gibt es nicht viele Kunden, die die Vorzüge des Onlinebanking nicht zu schätzen wissen. Eigentlich bloß die, die zu alt sind, um sich mit so etwas anzufreunden, die, die ein so gravierendes finanzielles Problem haben, dass die Bank es von sich aus nicht will – oder die paar, die selbst dafür zu blöde sind. Ich gehöre zweifellos zu letzterer Kategorie. Denn es will mir nicht in den Kopf, weshalb ich den Job der Bank machen soll. Dafür brauche ich doch eigentlich gar keine Bank mehr. Aber sagen wir das nicht laut, sonst kommt Google auf die Idee, in Zukunft auch noch Bank zu spielen und durch ein Onlinebanking-Angebot diese Domäne zu erobern. Vermutlich ist das längst in Vorbereitung, und bei Erscheinen dieses Büchleins ist diese Idee bereits realisiert.

Den Durchbruch für diese Art von Bausatzleben hat das sogenannte Web 2.0 gebracht, eine Entwicklung des Internet, die dadurch gekennzeichnet ist, dass der Konsument auch der Produzent ist, jedenfalls kollektiv betrachtet: Wir lesen nicht mehr Rezensionen von Rezensenten, sondern von Lesern, wir bekommen keinen technischen »Support« mehr von Technikern, sondern von verzweifelten Tüftlern, die aus Altruismus den Rest der Welt an ihren Erkenntnissen teilhaben lassen. Medizinische Probleme lösen Leidensgenossen, nicht Ärzte; im Lexikon lesen wir Einträge von Laien, nicht von Spezialisten. Im Grunde wird uns durch diese Mutation des elektronischen Paralleluniversums Rat und Wissen eher von irgendeinem unqualifizierten Trottel vermittelt, dem es gelungen ist, einmal zufällig korrekt durch eine Gebrauchsanleitung zu stolpern, als von Fachleuten, die irgendwann einmal ausgebildet wurden, um konsultiert zu werden. Das Internet ist eine Selfmadeplattform geworden. Stümper an die Macht!

Also quäle ich die Mitarbeiter in allen möglichen Serviceabteilungen des täglichen Lebens mit meinem störrischen Wunsch, sie mir noch länger zu erhalten, entlaste die Kassen der Arbeitsagenturen, belaste die Bilanzen von Banken, Fluggesellschaften und Bahn. Und übe mich in Erhalt und Pflege einer aussterbenden Welt.

»Ach ja, und schicken Sie mir doch bitte Vordrucke für hundert Orderschecks auf dieses Konto.«

»Das machen wir natürlich gern. Sie können sich aber auch selbst Schecks ausdrucken, wenn Sie möchten! Wir haben hier eine Software, die ganz leicht zu installieren ...«

Vermutlich ist es eher die Mumifizierung einer bereits verstorbenen Welt. Sofern es das Thema Service betrifft, auf jeden Fall.

Help yourself, so help you God

Es geht ja keineswegs immer um Service. Man könnte und müsste sich sonst auch darüber beklagen, dass der Tankwart und das Mädchen vom Amt ausgestorben sind – alles lange vor dem digitalen Zeitalter. Es ist auch ein Problem der Vereinnahmung. Das ist mir wieder einmal bewusst geworden, als ich mich auf den Weg zur Frankfurter Buchmesse machte. Für einen Homme de Lettres ist ein solcher Besuch gewissermaßen eine Ehrenpflicht – und obendrein ein großes Vergnügen. Nun genießt der Autor dieser Zeilen das Privileg, an den Fachbesuchertagen zur Messe gehen zu dürfen und gelegentlich von einem oder mehreren Verlagen mit Eintrittskarten bedacht zu werden. Das heißt, letzteres Privileg genoss er in der Vergangenheit. Nicht, dass man ihn nicht mehr einladen würde, es sind jedoch keine Eintrittskarten mehr, die im Postkasten landen, sondern Gutscheine für Eintrittskarten. Und das macht einen gewaltigen Unterschied: Steckte man früher die Karten ein und passierte dann am Eingang ganz einfach die Kontrolle, muss man sich jetzt im Internet »registrieren«, um den Gutschein in eine Eintrittskarte umzutauschen. Immerhin: Es geht ganz einfach! Nachdem ich die mikroskopisch kleine Anweisung auf dem Gutschein entziffert hatte, besuchte ich die Website www.buchmesse.de. Dort musste ich – nachdem ich »Für Fachbesucher« war, auf »Registrierung«, um zu erfahren, dass ich die Gutscheine »umtauschen« müsse. Es folgt dann (Zitat: »Es ist ganz einfach«) das »Gutschein umwandeln«, nachdem ich mich »Kostenlos als Fachbesucher registrieren« lassen musste. Beim Registrieren habe ich übrigens »die Wahl« – entweder mich als Premium-Mitglied registrieren zu lassen (das kostet 24 EURO zzgl. MwSt.), was mir bizarrerweise ermöglicht, eine Fachbesucherkarte für die kommende Messe zu kaufen (Hallo? Zu *kaufen*? Und dafür soll ich 24 Euro zahlen?), oder ich wähle die »Kurzregistrierung«, um mich als ganz gewöhnliches Branchenmitglied von der Straße zu akkreditieren.

Wähle ich die Prekariatsvariante, dann darf ich Anrede, akademischen Titel, Vorname und Nachname eingeben und gelange auf die Seite, die nach Korrespondenzsprache, E-Mail-Adresse, E-Mail-Adresse zur Bestätigung, Passwort, Passwort zur Bestätigung, Adresse, Unternehmen, Abteilung, Fachbereich, Verantwortungsbereich, Berufszugehörigkeit abfragt, ehe sie mich darauf hinweist, dass die Frankfurter Buchmesse sich vorbehält, einen Nachweis über meine professionelle Tätigkeit zu verlangen und mich dann mit dem Rauswerfer ködern will:

»Ja, ich möchte im Who's who gefunden werden« (und Sie können Gift darauf nehmen, dass damit nicht das Buch gemeint ist, das Sie meinen). Nur noch ein paar Klicks, dann ist der Gutschein schon umgetauscht. »Sie können den Gutschein auch am dafür eingerichteten Terminal auf dem Messegelände umtauschen. Wir empfehlen jedoch den oben beschriebenen zeitsparenden Onlineumtausch.« Ah ja.

Eine Wiederholung meiner Erfahrungen mit der Fluglinie, der Bank, der Telekom? Ja und nein. Denn dieser Angriff auf meine Selbstbestimmungsfreiheit und mein Verwöhnbedürfnis ging einher mit einem gnadenlosen Durchleuchten meiner Daten. Die Messe ermittelt durch die »Registrierung« mein Geschlecht, meinen Namen, meine Adresse, meine E-Mail-Adresse, meinen Berufsstand, meine Kreditkartennummer, meine Telefonnummer (»Pflichtfeld! Bitte ausfüllen um fortzufahren!«). Zweifellos wird man im nächsten Jahr nach der Schuhgröße und der sexuellen Orientierung fragen, nach Familienstand, Kontostand, Vorstrafenregister und Schwimmabzeichen.

Übrigens, das Jahr, in dem die Frankfurter Buchmesse diese grandiosen technischen Durchleuchtungsmöglichkeiten einführte, war auch das Jahr, in dem China Gastland war. Vielleicht hat man ja im Sinn der Kostenminimierung und der Betriebseffizienz gleich mit der Regierung in Peking zusammengearbeitet. Dort wird man jedenfalls erfreut gewesen sein über die Details, die man durch die Kontrolle der Onlinebuchungen von Tickets für die Messe über mehr oder weniger missliebige und qua Amt verdächtige Autoren und Verlagsleute erfahren hat.

Gewiss, auch früher musste man sich als Fachbesucher registrieren (sofern man keine Karte von seinem Verlag bekommen hatte). Aber das war noch ein papierner Vorgang, der ein paar Kreuzchen erforderte und eine Visitenkarte – dass in den paar Dutzend Kartons, die das am Ende der Messezeit bedeutete, in absehbarer Zeit die CIA herumstöbern würde, war eher ausgeschlossen. Denn Papier ist ja auch in dem Sinn geduldig, dass es dazu neigt, irgendwann in Archiven zu verschwinden und dort gemächlich zu verfallen.

In einem Akt grandiosen Selbstbetrugs habe ich auch noch das Bahnticket im Internet gebucht. Zugegeben, die Bahn hat den Dreh noch nicht so raus. Man muss nur ein halbes Dutzend Seiten durchackern, um sich einen Fahrschein zu verschaffen, den man dann allerdings noch selber ausdrucken und mit in den Zug nehmen muss – sonst war der Spaß vergeblich (aber nicht umsonst). Und nicht nur das. Auch die Bahncard, sofern man eine hat, muss man vorzeigen können. Und wenn Sie mittels Kreditkarte gebucht haben, dann müssen Sie auch noch die Kreditkarte dabeihaben. Und zwar die, mit der Sie gebucht haben. Obwohl Sie eine Fahrkarte haben, auf der Ihr Name steht, und Sie zusätzlich auch noch die Bahncard mit sich führen, die ebenfalls auf Ihren Namen ausgestellt und auf der auch Ihr Foto verewigt ist. Das eine wird gescannt, das andere eingelesen ... Es gab mal den Werbespruch: »Drei Dinge braucht der Mann.« Wenn Sie Bahn fahren und sich ein Ticket im Internet besorgen, stimmt das jedenfalls. Lustig, dass man darüber allen Ernstes mit den Zugbegleitern diskutieren kann. Die nämlich erkennen nicht, dass die ganze Strategie darauf hinausläuft, dass man sie in absehbarer Zeit nicht mehr braucht. Denn das Buchen von Zugreisen im Internet ist ja nur der erste Schritt auf einem verhängnisvollen Weg.

Inzwischen haben sich die klugen Köpfe von der Bahn ja etwas ganz Neues ausgedacht. Und hier kommt wieder des modernen Menschen liebstes Utensil zum Einsatz. Nein, nicht das Auto, das ist ein alter Hut. Das Handy! Demnächst sollen Sie Ihre Fahrscheine per SMS buchen. Und sobald Sie den Zug besteigen, registriert die Bahn, dass Sie ein gültiges Ticket haben und also zum guten Teil der Menschheit gehören. Was mit den anderen geschieht, ist noch nicht letztgültig geklärt. Aber vielleicht beschließt man schon aus disziplinarischen Gründen, dass sie Züge der Deutschen Bahn nicht mehr benutzen dürfen. Oder man führt wieder eine 3. Klasse ein, die dann deutlich mehr kostet als zum Beispiel die 1. Klasse. Weil die Bahn ja dieser Problemzielgruppe mit Service dienlich sein muss. Getreu dem Motto: »Wer erstklassigen Service will, soll auch drittklassig behandelt werden.« Schon aus betriebswirtschaftlichen Gründen. Obwohl: Wenn man das mal so ausspricht, dann wirkt es plötzlich sehr real. Gar nicht wie eine Zukunftsvision.

Ich empfehle Viagra?

Das war mir bis vor kurzem nicht bewusst. Und hätte mich meine Frau nicht darauf aufmerksam gemacht, ich hätte dieses Mittel weiterhin empfohlen. Denn eigentlich habe ich die Mail nur für den üblichen Spam-Schrott gehalten: Im Betreff stand »Viagra official Site«. Das habe ich wie schon so oft vorher – und wie all die Penisverlängerungen, Sonnenschirme und Bürodrehstühle – weggeklickt. Ohne zu bemerken, dass als Absender meine eigene E-Mail-Adresse dastand! Es ist ja nichts Besonderes, dass man das, was man immer sieht, übersieht. Aber wenn es in diesem Zusammenhang auftaucht, dann entbehrt es doch nicht einer gewissen Pikanterie. Denn wenn ich mir schon selbst solchen Unsinn schicke, wem schicke »ich« es dann noch? Vermutlich haben Hunderte Freunde, Verwandte und Geschäftspartner von mir Viagra-Mails bekommen, ohne dass ich davon wusste. Leute, falls ihr diese Zeilen lest: Ich war's nicht, ehrlich! Tut mir wahnsinnig leid!

Idioten aus der Hacker-, Gamer- und Werbeszene haben offenbar längst Wege gefunden, jede E-Mail-Adresse, derer sie irgendwo habhaft geworden sind, in den Dienst ihrer kranken Fantasie zu stellen. Wenn ich nun schon ohne mein Wissen Werbung für Viagra mache, wer kann mir garantieren, dass ich nicht demnächst Hetzschriften verbreite, meinen eigenen Tod verkünde oder einem Heino-Fanclub beitrete (wobei die letzten beiden Fälle im Prinzip gleichbedeutend sind)?

Der Werbemüll hat sich seit Einzug des Internets vervielfacht. Während der Briefkasten keineswegs leerer wurde und nach wie vor überquillt vor Gratiszeitschriften, Gutscheinheften und Billigprospekten, explodiert der Posteingang meines E-Mail-Servers geradezu vor digitaler Propaganda. Und was beim ersten Mal noch ein Erlebnis der anderen Art war, etwas, wovon man Freunden erzählen zu müssen glaubte, wurde schon bald zur Pandemie. Kein Posteingang, der sich nicht las wie ein pornografischer Entwicklungsroman aus den neunziger Jahren:

Lewis Sosa	*You can have a 7-inches long Penis, how to archive?*
R...	
automaki	*automaki*
Erin Maggee	*2008 Designer Shoes Collection from Gucci Ug ...*
Blaine Watson	*Mehr Spass am Leben – mit einem Laengeren ...*

Reggie Ford	*Eliminate your pain*
May Metz	*No.1 PenisLongerPill, MONEY-*
	BACK GUARANTEED
Roxane Swifft	*Penis zu klein? Wir helfen.*
Adeline Cash	*Mittel gegen Impotenz*

Gut, eine Mail von Roxane Swifft oder Blaine Watson würde ohnehin kein Mensch im Vollbesitz seiner geistigen Kräfte öffnen. Aber wenn die Mail von mir kommt?

Was tun? Ich weiß es nicht. Und ehrlich gesagt, ich will es auch gar nicht wissen. Ich will einfach abwarten, bis es vorbeigeht. Denn den Irren aus dem Internet läuft man mit seinen Abwehrversuchen doch sowieso immer hinterher. Und die Technik ist auf der Seite des Bösen stets den einen entscheidenden Schritt weiterentwickelt. Ob Katz, Maus, Hase oder Igel: Wer versucht, sich ultimativ zu wehren, steht auf verlorenem Posten. Aber, wer weiß, vielleicht interessiere ich mich ja doch mal für Viagra, wenn im Betreff steht: »Viagra für Ihren Spamfilter!«

Der gläserne Mensch

Wenn ich wissen will, wo Sie wohnen, dann gehe ich auf Google Earth. Und wenn ich Glück habe, sehe ich Sie sogar von oben im Garten stehen. Die Bildqualität ist zwar aus der Nähe betrachtet miserabel, aber immer noch unglaublich gut, wenn man bedenkt, aus welch großer Entfernung die Fotos aufgenommen worden sind. Die Fotos von Ihrem Haus meine ich, vielleicht auch die von Ihnen.

Seit kurzem gibt es dazu aber auch sehr viel genauere Aufnahmen: bei Google Streetview. Da sieht man alles, als stünde man nur ein paar Schritte entfernt. Auch Sie sieht man vermutlich irgendwo. Denn die Autos, die das alles gefilmt haben, sind monatelang durch die Straßen gefahren und haben jeden noch so kleinen Fußweg aufgenommen, damit auch der letzte Hauseingang im Internet zu finden ist. Ich bewundere den immensen Einsatz, den der Suchmaschinenbetreiber da erbracht hat. Na ja, ein Suchmaschinenbetreiber ist es ja eigentlich gar nicht mehr. Inzwischen ist es eine Art integrierter Internetkonzern – oder die größte Datenbank der Welt. Denn Google sucht nicht nur, Google sammelt auch. Zum Beispiel Daten, die Sie mit Ihrem WLAN-Netzwerk in die Welt funken. Sie sind vielleicht der Ansicht, dass Sie sich damit nur an Ihren Adressaten richten. Google sieht das anders. Der Konzern fühlt sich auch angesprochen – und vor allem aufgerufen, Ihre persönlichen Daten zu scannen. Alles, was es über Sie in der digitalen Welt herauszufinden gibt, wird Bit für Bit gesammelt und in den riesigen Informationsfleischwolf von Google eingespeist. Vermutlich weiß man dort mehr über Sie, als Sie selbst über sich wissen.

Man hat Google dafür Vorwürfe gemacht und von einer Verletzung der Privatsphäre gesprochen. Der Konzern hat sich prompt entschuldigt. Mit dem Argument: Das machen andere auch. Also ist es erlaubt, entnehmen wir dieser Reaktion. Es passt dazu, dass wenige Wochen, bevor die Affäre ruchbar wurde, einer der Gründer von Google, ein gewisser Mr Brynn, zu Protokoll gab, die »Privatsphäre werde überschätzt«. Ich bin ja geneigt, ihm insofern Recht zu geben, als ihre Bedeutung sich im freien Fall befindet. Angesichts solcher Eingriffe und der technischen Voraussetzungen, die diese Eingriffe möglich machen. Die Privatsphäre ist nichts mehr wert, weil sie zunehmend zur Illusion wird, zu einer Art Nostalgie, etwas, das man früher mal kannte, das aber heute nur noch ein sentimentaler Anachronismus ist. Wer private Geheimnisse schützen will, hat offenbar etwas zu verbergen! Wer sich für den Schutz von Geheimnissen einsetzen will, der sollte das gefälligst für Geschäftsgeheimnisse tun. Denn dabei geht es um etwas. Um Geld. – Na ja, genau genommen geht es darum auch bei der Privatsphäre, jedenfalls wenn man sie verletzt. Google verdient jedes Vierteljahr Milliardenbeträge damit. So gesehen ist Privatsphäre etwas Wunderbares. Vorausgesetzt, man nimmt sie nicht zu ernst.

Wer sich in den eigenen vier Wänden verbarrikadiert, ist deshalb übrigens keineswegs sicher vor Ausspähversuchen. Eine besonders perfide Form von Übergriff in den Privatbereich wird aus den USA berichtet: Schüler einer exklusiven Privatschule bekamen ein Laptop ausgehändigt, an dem sie ihre Aufgaben zu machen hatten. Die Schule registrierte dabei nicht nur, wann, wie oft und wie lange ein Schüler sich mit seinen Aufgaben beschäftigte (das gibt es übrigens auch bei uns in Old Europe schon seit längerem), sie knipste mittels Webcam auch gleich noch ein Foto von ihren Zöglingen. Und zwar jede Viertelstunde. Ohne dass die Fotografierten oder ihre Eltern davon wussten. Hunderttausende von Fotos kamen so zusammen. Unrechtsbewusstsein? Null. Aufgedeckt wurde der Skandal, weil einer der Schüler ins Direktorat zitiert worden war: Er habe mutmaßlich Drogen neben seinem Laptop liegen gehabt. Es waren dann doch bloß Drops gewesen. Aber die Schule hatte ihr Geheimnis gelüftet.

Keine Frage, das alles war gut gemeint: Die Schule, die sich um ihre Schüler kümmert, der es nicht egal ist, ob einer Drogen nimmt oder Umgang mit zwielichtigen Typen pflegt. Allein der Irrglaube, man könne den aufmerksamen Lehrer und die persönliche Betreuung durch die Kontrolle mittels Maschine ersetzen, zeigt, welche Sumpfblütenträume dem virtuellen Wahn entwachsen. Der Mensch macht sich und andere vom Computer abhängig und wundert sich, dass es schiefgeht.

Machen wir uns nichts vor: Die ganze Welt ist schon verseucht mit unseren digitalen Fingerabdrücken. Überall kann plötzlich eine Spur auftauchen, die direkt zu uns führt. Denn das virtuelle Netz ist so engmaschig geflochten und hat so viele Ebenen, dass jeder mit zwei Klicks auf Vladimir Putins »Eigene Filme«-Ordner oder auf Barack Obamas Online-Mittagessensbestellung landen kann. Früher mussten Hacker jede Information durch clevere, nächtelange Tüftelei herausfinden. Demnächst wird es den Berufszweig der digitalen Datenvernichter geben, einer Spezies von Internetjunkies, die gegen exorbitante Honorare dafür sorgen, dass unliebsame Einträge und Auftritte im World Wide Web endlich nicht mehr vorkommen. Bis bei einem von ihnen ein Megaserver sichergestellt wird, auf dem er alles gespeichert hat, ehe er es für die Allgemeinheit gelöscht hat, so dass auch diese Illusion verlorengeht.

So oder so: Wir werden durchleuchtet. Immer öfter. Immer raffinierter. Immer zwingender. Und Daten, die einmal in der Welt sind, sind nun einmal kaum wieder einzufangen, sondern sie verbreiten sich stattdessen wie bösartige Viren: aggressiv und exponentiell. Nur aufzuhalten durch Prophylaxe: Verweigerung. Wie das gehen soll? Ich weiß es nicht. Wer eine Idee hat, wie man die Büchse der Pandora wieder schließen kann, der schreibe mir bitte. Aber, wie gesagt, brieflich, nicht per Mail. Der Verlag wird Ihre Nachricht an mich weiterleiten.

Buch war gestern

Eigentlich naiv, überhaupt noch zur Buchmesse zu fahren. Aber gut, die Buchmesse, insbesondere die Frankfurter, die größte der Welt, wirbt ohnehin seit Jahren damit, dass sie ganz viele, ganz tolle »neue Medien« präsentiert. Software aller Art nimmt seit den frühen neunziger Jahren ein immer größeres Feld ein. Doch auch diese Phase scheint sich dem Ende zu nähern. Denn die Zukunft lässt Gutenberg alt aussehen.

»Was man schwarz auf weiß besitzt, kann man getrost nach Hause tragen«, heißt es in Goethes *Faust* in der Studierzimmer-Szene. Erst neulich habe ich dieses Zitat wieder irgendwo gelesen. Es stand in schwarzer Schrift auf weißem Hintergrund. Allerdings nicht in einem Buch. Das heißt, doch, es stand in einem E-Book.

Das E-Book wird ja neuerdings viel gelobt. Es liegt nunmehr in schätzungsweise achtzehnter Generation vor, denn jedes halbe Jahr kommt »die neue Generation des Lesens« auf den Markt. Und endlich bekommt man, was man sich schon immer gewünscht hat: unbeschwertes Lesevergnügen mit lang ausreichendem Speicher, ein Schriftbild, das die Augen nicht ermüdet, einfachste Bedienung – alles, was man schon seit Jahrhunderten hat, wenn man ein Buch zur Hand nimmt. Zugegeben, die Speicherkapazitäten eines Buchs mögen geringer sein als die eines E-Books. Dafür ist allerdings die Betriebsdauer erheblich länger. Und es veraltet nie! Was E-Books inzwischen (beinahe) können, das können Bücher schon seit jeher. Nur umgekehrt gilt das nicht. Denn auch wenn inzwischen elektronische »Bücher« an den Start gegangen sind, die sogar beim »Umblättern« rascheln, so wird doch kein E-Book jemals die Optik und Haptik eines Buchs bieten. Es wird nicht riechen wie ein Buch, es wird nie das Medium sein, das das Leben seines Lesers versinnbildlicht, so wie es das echte Buch tut, das wir aus einer Buchhandlung entführen, um es fortan mit unserem eigenen Dasein zu verknüpfen, indem wir es neben unser Bett legen, in unser Regal stellen und von Umzug zu Umzug mitnehmen, von Ort zu Ort, von Land zu Land.

Ich hatte nicht das Glück, große Bibliotheken vererbt zu bekommen. Mein Elternhaus war nicht sehr belesen. Aber die wenigen Bände von Dostojewski oder Thoma halte ich in Ehren, denn sie sind eine Botschaft aus der Geschichte meiner Familie.

Und die Geschichte scheint sich im Buch- und Verlagswesen immer schneller zu bewegen. Spätestens seit diesem Jahr reißen sich fast alle Verlage darum, auch die

E-Book-Rechte in den Verlagsverträgen eingeräumt zu bekommen – und wo sie in der Vergangenheit noch nicht eingeräumt wurden, da mögen sie bitte nachträglich eingeräumt werden. Gemeint ist damit: Die Autoren mögen doch bitte einverstanden sein, dass aus den Texten, die sie geschrieben haben, nun auch ein E-Book gemacht wird. »Wir wollen den Zug nicht verpassen«, so das Credo. »Dieses Geschäft sollen nicht andere machen, daran wollen wir teilhaben.«

In der Vergangenheit war ich immer überzeugt, das E-Book würde sich nicht durchsetzen, weil kein Mensch jemals den Computer oder irgendein unsympathisches Lesegerät mit ins Bett oder an der Strand nähme. Nichts, so war mein fester Glaube, könne das Buch je ersetzen. Das glaube ich auch jetzt noch. Mit der Einschränkung allerdings, dass das vielleicht tatsächlich bald schon nicht mehr für alle gilt!

Die Leser von morgen sind heute Teenager. Es ist für diese Zielgruppe heute üblich, dass sie mittels Flatfee praktisch rund um die Uhr den Computer laufen hat und online ist. Starren die Jugendlichen nicht auf den Bildschirm, dann schauen sie fern. Und wenn sie das nicht tun, dann hängen sie an einer Spielkonsole oder schicken sich gegenseitig SMS. Der Alltag eines jungen Menschen dieser Generation ist viereckig – und das nicht wegen der vielen Bücher, die er liest. Diese Generation wird womöglich das E-Book als die zeitgemäße Form der Lektüre so gut wie aller Arten von Texten begreifen.

Nun kann man der Ansicht sein, das sei eben so. Immerhin müssen weniger Wälder gerodet werden, die Schultaschen werden leichter, und zu Hause ist auch mehr Platz. Und doch: Alle guten oder gut gemeinten Argumente verfangen letztlich nicht. Denn der Abschied des Buchs in seiner körperlichen Form wird auch der Abschied von Qualität sein. Wenn erst einmal alles, was irgendwer irgendwo ins Internet stellt, als E-Book herunterladbar ist, dann brauchen wir kurzfristig keine Buchhändler mehr, mittelfristig keine Verlage mehr und langfristig keine Schriftsteller mehr. Denn keiner wird mehr vom Buch leben können – ausgenommen die Werbeindustrie und die Plattformbetreiber. Wenn neben dem 12,80 Euro teuren E-Book von S. Fischer das 0,00 Euro teure E-Book von Freddy Fischer steht, direkt von seiner Homepage zu beziehen, gut geteasert und von Hunderten von begeisterten Leserrezensionen empfohlen, dann wird der Leser zuerst einmal zu Freddy Fischer greifen. Wenn er dann enttäuscht ist von einem schlechten E-Book, wird er sein Heil kaum in einem teuren Buch von S. Fischer suchen (bei Freddy F. war es wenigstens kostenlos, hier soll ich für etwas zahlen, wovon ich erst hinterher weiß, ob es was taugt).

Der Effekt ist, dass S. Fischer kein gutes Buch mehr als E-Book wird verkaufen können. Niemand wird mehr die Arbeit eines Lektors einschätzen können, und also wird niemand sie mehr zu schätzen wissen.

Wer glaubt, er könne sein Geschäft mit geringen Preisunterschieden zwischen echten und elektronischen Büchern schützen, wird sich bald eines Besseren belehrt sehen. E-Books unterliegen nicht der Preisbindung, jedenfalls nicht, wenn der Server außerhalb Deutschlands steht. Es wird deshalb immer einen geben, der preislich unterbietet. Mögen Goldmann oder Ullstein das E-Book zum Buch auch für zehn oder 15 Prozent weniger auf ihrer Homepage anbieten – Amazon und die anderen elektronischen Großmächte werden einen Preiskampf anzetteln mit dem Ziel, möglichst viel für möglichst wenig zu bieten und damit dem Lesegerät zu großer Verbreitung zu verhelfen. Wenn die Preise aber erst einmal verdorben sind, dann wird es kein Zurück mehr geben. Für einige Zeit werden Verlage zumindest für Ihre Bestsellerautoren noch Marketingkampagnen fahren, die zu vernünfigen Vertriebszahlen führen und scheinbar wenigstens eine schwarze Null als Deckungsbeitrag erzeugen. Solche schwarzen Nullen werden dann bitter erzwungen werden durch miserable Autorenbeteiligungen bei denjenigen Autoren, die nicht schon ganz oben stehen. Vor allem aber: Von einer Null, egal ob schwarz oder rot, kann kein Verlag leben. Man wird sein Engagement im E-Book wieder runterfahren – doch dann ist es schon passiert: Alle Welt hat ein Lesegerät, downloaded munter, erwartet die »Ware« frisch und kostenlos zu bekommen, raubkopiert, wo es sie nicht kostenlos gibt, motzt das so Erworbene mit persönlichen »Features« auf, packt sich das Lesegerät voll mit digitalem Schnickschnack und fühlt sich dabei prächtig. Kurzum, es wird der Verlagsindustrie ergehen wie ehedem der Musikindustrie, die sich ebenfalls durch die Digitalisierung ruiniert hat. Immerhin kann die Musikindustrie noch ganz gut davon leben, dass sie ihre Stars auf Tournee schickt. Das wird bei Autoren schwierig. Denn die füllen nun mal traditionell keine Sportarenen und Stadthallen, können keine 20 bis 40 Euro Eintritt verlangen und werden auch nicht von Audi oder Red Bull gesponsert.

Das Argument, die Lesegeräte seien für den Massenmarkt viel zu teuer, greift nicht. Wenn das ein Grund dafür wäre, dass es sich nicht durchsetzt, dann hätten die meisten heute noch kein Handy. Es wird immer Wege geben, ein Geschäftsmodell zu finden, mit dem sich für kurze Zeit die Illusion erzeugen lässt, einige wenige würden hohe Renditen erzielen, und also sollten alle anderen nacheifern. Tatsächlich wird es einigen wenigen gelingen, ihre Marktmacht auszubauen, ihre Vertriebswege noch besser zu verankern, ihren Börsenwert zu steigern. Um die paar Milliardäre muss man sich keine Sorgen machen, die werden längst ihre Schäfchen ins Trockene gebracht haben, wenn das »Geschäftsmodell« zusammenkracht. Die Beispiele aus der New Economy oder aus dem Investmentbanking sind Legende.

Es ist nicht so, dass die Welt allen, die mit der Produktion von Büchern ihren Lebensunterhalt verdienen, bittere Tränen nachweinen wird. Und doch: Der Verlust des Buchs wird auch ein Verlust sein, den die Leser erleiden: Wenn ich heute an meinen Bücherregalen entlanggehe, dann sehe ich nicht nur bedrucktes Papier, das mehr oder weniger schön oder originell verpackt wurde, ich sehe große Teile meines eigenen Lebens: hier Hesses Roman *Siddharta*, den ich auf dem Campingplatz in Paris gelesen habe, da Marquez' *Hundert Jahre Einsamkeit*, auf deren Bezwingung ich in der neunten Klasse stolz war. Der originalsprachige *Macbeth*, den wir im Englischkurs gelesen haben und der mir die Augen für die Schönheit dieser alten Sprache geöffnet hat, Villon, Holz, Morgenstern, deren Gedichte ich zu Liedern verarbeitet und meiner späteren Frau zur Klampfe vorgesungen habe – und die wunderschöne Gesamtausgabe von Shakespeare, die mir meine Frau vor einigen Jahren zu Weihnachten geschenkt hat. Die griechischen Götter- und Heldensagen, die ich von meinem Großvater bekommen habe und die Bücher, die ich selbst meinen Kindern gewidmet habe. Bedeutungen, die ich nicht missen möchte. Bücher sind mehr als ihr Inhalt. Bücher sind ein Teil unseres Lebens. Sie zu bewahren, heißt Erinnerung zu bewahren, gerade in einer Welt, die immer schneller und damit immer flüchtiger und vergänglicher wird. Wer heute noch jubelt, dass er eine Bibliothek mit mehreren Tausend Bänden auf einem einzigen Lesegerät ständig mit sich führen kann, sollte bedenken, dass in einer digitalen Welt nichts mehr von Wert und Dauer ist. Ein Knopfdruck genügt, um das Wissen der Welt zu löschen. So wie heute veraltete Notebooks, die der ständigen Softwareaktualisierung nicht mehr standhalten konnten, im Keller landen und dort verstauben, werden solche virtuellen Bibliotheken verstauben, bis sie sich von selbst gelöscht haben – und mit sich all die schönen Erinnerungen an Zeiten, Orte, Menschen und Begebenheiten, die wir mit Büchern – echten Büchern – verbinden. Solange es sie noch gibt.

Ganoven unter sich

Fortschrittlichere Zeitgenossen werden ja nicht müde, alle Welt dazu aufzufordern, die Digitalisierung nicht als Risiko, sondern als Chance zu begreifen (und bemühen dabei gern das berühmte chinesische Schriftzeichen, das vermutlich noch nie ein Mensch gesehen hat, vor allem aber kein Nichtchinese schreiben kann). Und vielleicht haben sie ja Recht. Denn wenn man sich mal – und das tun wir hier ja ständig – von der *eigentlichen* Sache emanzipiert und nur den monetären Aspekt ins Auge fasst, dann ließen sich Auswege aus dem Dilemma finden. Zum Beispiel beim Buch. Denn wenn dem Buch widerfährt, was der Schallplattenindustrie widerfahren ist, dann wird es viele, viele Verlierer geben. Aber eben auch ein paar Gewinner. Und das geht so:

Eines schönen Tages flattert mir ein Brief ins Haus. Meine Frau bringt die Post rein, während ich telefoniere, und ich sehe, wie sich ihr Mund immer weiter öffnet, und ihre Augen immer größer werden. Verblüffung weicht Bestürzung, die gleitend in tiefe Empörung mündet. Sie gibt mir hektisch Zeichen, mein Telefonat zu beenden, und legt mir das Schreiben vor die Nase, über dem die Adresse einer noblen Anwaltskanzlei im allernobelsten Hamburg prangt. Kein Zweifel, das hier ist wichtig. Mit Mühe bringe ich mein Gespräch zu Ende und lese:

Sehr geehrter Herr Montasser,
wir vertreten die Zock Enterprises GmbH, Grafing/ München.
Unsere Mandantin stellt her und vertreibt Computersoftware, namentlich im Bereich der Spielesoftware. Seit September 2008 ist das Computerspiel »Flatman: Bowham Prison« unserer Mandatin auf dem Markt. Blabla.
Leider hat unsere Mandantin feststellen müssen, dass dieses Produkt auf Tauschbörsen im Internet zum Download bereitgehalten und illegal heruntergeladen wird. Auch über die Ihnen zum Tatzeitpunkt zugeordnete IP-Adresse ist ein Peer-to-Peer-Netzwerk genutzt und das urheberrechtlich geschützte Werk heruntergeladen und zum Download für Dritte bereitgehalten worden.
Unsere Mandantin hat sich deswegen veranlasst gesehen, beim Landgericht Köln ein Auskunftsverfahren gem. § 101 Abs. 9 UrhG einzuleiten. Sie wurden zum Tatzeitpunkt als Inhaber der dynamischen IP-Adresse(n) und zivilrechtlich Haftender

festgestellt und identifiziert. Unter anderem sind
folgende Tatzeiten beweissicher dokumentiert: …

Was folgt, ist eine Liste von Angaben, aus denen ich mit
meinen beschränkten kulturellen Kenntnissen allein die
Fakten »07.01.09 21:00:24 MEZ« (nebst zwei anderen
Daten mit Uhrzeit) sowie die Kennung LG Köln als Ab-
kürzung für das Landgericht ablesen konnte. Den ganzen Rest, der sich »Hashwert«, »BTH« oder »P2P Cli-
ent« nennt, war ich nicht imstande zu durchblicken.
Das Fazit indes ist unmissverständlich, obwohl ich dieses ominöse Spiel weder kenne noch jemals in meinem
Leben auch nur ein einziges Computerspiel gespielt
habe.

Sie sind unserer Mandantin aufgrund dieser
illegalen Handlungen zu Unterlassung (§ 97 Abs. 1
UrhG), Schadensersatz (§ 97 Abs. 2 UrhG) und
Auskunft (§ 101 UrhG) sowie zur Löschung der
fraglichen Datei verpflichtet, sogar die Herausgabe
und Vernichtung Ihres Rechners oder Ihrer Festplatte
kann als Anspruch in Betracht kommen (§ 98 Abs.
1 UrhG).
Namens und mit Vollmacht unserer Mandantin
haben wir Sie daher aufzufordern, die beigefügte
Erklärung bis zum
19. März 2009, 18 Uhr, eingehend
abzugeben.

Datiert war das Schreiben auf den 10. März, am 12. war es bei mir eingegangen. Also eine Woche, kaum genug Zeit, um sich überhaupt kundig zu machen, was es mit der ganzen Affäre auf sich hat und ob solcherlei Ansprüche gerechtfertigt wären.

Unsere Mandantin ist bereit, auf weitergehende Forderungen aus der hier beschriebenen Rechtsverletzung zu verzichten, wenn Sie binnen der oben genannten Frist die vorbereitete Erklärung abgeben und einen Pauschalbetrag zur Abgeltung aller Ansprüche in Höhe von
EUR 650,00
Unter Angabe des im Betreff genannten Namens und unseres vollständigen Aktenzeichens (Unser Zeichen) auf das Konto

Rechtsanwälte Winkel Advokaten* (*Name geringfügig geändert)
Kto. 1001 255 859
Hamburger Sparkasse, BLZ 200 505 50

zur Anweisung bringen sowie die fragliche Datei sofort auf Ihrem Rechner löschen und weder weiterverbreiten noch sonst wie nutzen.

Toll. Schon richtig, hier ging es gar nicht ums Buch. Und einige Zeit konnte ich darin auch keinerlei Chance erkennen, sondern nur das verdammte Risiko, dass ich für den reinsten Schrott ein Heidengeld zahlen musste. Aber gemach, man wächst ja an seinen Aufgaben. Was also war geschehen?

Eines meiner unvernünftigen Kinder im Teenageralter hatte getan, was alle anderen Teenager auch ständig tun und was wir Eltern ihm verboten hatten: im Internet etwas illegal downzuloaden. In diesem Fall ging es um ein an Schwachsinn grenzendes Computerspiel. (Um weiteren Injurien vorzubeugen: Dies ist lediglich meine ganz persönliche Meinung und also Ausdruck meines Rechts auf freie Meinungsäußerung. Ich beabsichtige nicht, irgendjemanden herabzuwürdigen, indem ich sein Werk verunglimpfe.)

Mein erster Impuls war also Ärger, maßloser Ärger, und zwar auf die Computerspieleindustrie. Klar. Denn wenn es diesen ganzen Mist nicht gäbe, dann könnte ihn auch niemand klauen. Es ist wie mit Zigaretten: Sie nützen niemandem, ja sie sind sogar gesundheitsschädlich – und doch wird es als Diebstahl geahndet, wenn man sie unbezahlt mitnimmt. Die Körperverletzung, die durch die Glimmstängel begangen wird, ahndet dagegen niemand. Welch ein bizarres Verständnis von Recht!

Mein zweiter Impuls war naturgemäß Ärger, großer Ärger, weil ich nun einen Haufen Geld bezahlen müssen würde, und das, obwohl ich mein Kind genau davor gewarnt hatte (und also meiner erzieherischen Sorgfaltspflicht nachgekommen war).

Mein dritter Impuls war entsprechend Ärger, ziemlicher Ärger, und zwar über die Advocaille, die sich dafür hergibt, ihre juristischen Schleppnetze auszuwerfen und in industriellem Maßstab Jugendliche für eine Firma abzugreifen, die von dieser Firma zuvor durch entsprechende Köder angelockt worden sind. Denn geködert wird! Es ist ein Geschäftsmodell. Das wird spätestens dann klar, wenn man das Verhältnis von offiziellem Preis und anwaltlicher Forderung betrachtet: Für ein Spiel, wie es mein Kind downgeloaded hatte, zahlt man in einem beliebigen Internetshop etwa 30 Euro. Der Anwalt hat mithin mehr als das 21-Fache gefordert. Mir war sofort klar, dass die Kanzlei diesen Brief nicht nur mir geschickt hatte, sondern Hunderten, vermutlich Tausenden von anderen Internetusern, über deren Account ein solcher illegaler Download versucht worden war.

Ja, versucht worden. Denn, wie sich schon bald herausstellte, hatte mein Kind bis zum Eintreffen des Anwaltsschreibens gerade mal 7,1 Prozent der Software überhaupt auf dem Computer geladen. Wie das geht? Ich habe es bis heute nicht wirklich verstanden. Aber sicher ist, dass sich bei Netzwerken, wie demjenigen, das mein Kind bemüht hat, mehrere Computer zeitweilig vernetzen. Und je mehr Computer es sind, und je länger der einzelne User am Netz ist, umso mehr und umso schneller wird gedownloaded.

Das hat mich zunächst einmal erleichtert. Denn auch wenn nach juristischen Maßstäben der Versuch einer Tat zu werten ist wie eine vollendete Tat, so ist es doch eine Sache, ob man etwas geklaut hat oder ob man immer noch davon hätte Abstand nehmen können.

Andererseits: Im Verhältnis von Kaufpreis für 100 Prozent und Forderung für sieben Prozent wurde aus dem anwaltlichen Ansinnen gleich das Hundertfache. Wenn ich mir vorstelle, dass jemand ein Auto im Wert von 20 000 Euro klaut, hieße das, er müsste 4 000 000 Euro Schadenersatz leisten, um nicht weiter belangt zu werden. Schwer vorstellbar, dass sich das ein Autodieb leisten kann. Schwer vorstellbar auch, dass sich ein Teenager 650 Euro leisten kann. In Taschengeld gemessen, entspricht das in etwa einem ganzen Jahreseinkommen!

Betrachten wir also die Schwere der Verfehlung: Keine Frage, illegale Downloads sind verboten, stellen eine Verletzung des Urheberrechts dar, sollten verboten und geahndet werden. Solche Spiele gehören allerdings grundsätzlich verboten – und sollten nur körperlich (also auf DVD) vertrieben und vor unkörperlichem Diebstahl geschützt werden, wenn man sie überhaupt Jugendlichen zugänglich macht.

Im Grunde hat es zwei Revolutionen des Gelegenheitsdiebstahls gegeben. Der Supermarkt hat dem Ladendiebstahl erst richtig auf die Beine geholfen. Als es noch eine persönliche Bedienung und eine Ladentheke gab, über die alle Waren gereicht wurden, da war es nicht nur schwer, etwas zu klauen, die Verlockung war auch ungleich geringer. Dann aber lagen plötzlich all die schönen Dinge vor einem, und niemandes wachsames Auge lag auf dem Kunden. Da wurde mancher Finger lang und manches Gut zum Diebesgut. Auch damals gab es Ärger. Im Fall jugendlicher Übeltäter hieß das: Drohungen und Beschimpfungen durch den Ladeninhaber, Ärger und Hausarrest durch die Eltern und Ladenverbot für ein, zwei Jahre (wobei man Letzteres wohl eher als Gnade empfand, war ein Besuch in besagtem Unternehmen denn doch überaus beschämend).

Den Quantensprung des Prinzips »Gelegenheit macht Diebe« hat uns das Internet beschert. Wo es alles kostenlos gibt, will niemand mehr für etwas zahlen – und es gibt ja auch alles, was man eigentlich bezahlen sollte, umsonst! Ja, es wird sozusagen frei Haus geliefert, in bester Qualität, schnell und rund um die Uhr. Die Verlockung ist immens – und gerade junge Menschen erliegen ihr naturgemäß viel leichter. Man hat wenig Geld, aber man hat Wünsche. Man weiß, wie es geht – und man kennt jede Menge anderer Jugendlicher, die genau das ständig tun und nie erwischt werden!

Doch heute wird gleich die große juristische Keule ausgepackt, heute werden gleich Beträge gefordert, die in keinem Verhältnis mehr zum Vergehen stehen, heute läuft das so: Die clevere Kanzlei Winkel Advokaten am feinen Alsterufer rechnet dem Unternehmen Zock Enterprises vor, wie ein richtig gutes Geschäftsmodell aussieht: Schützt eure Daten nicht effektiv, sondern stellt sie so online, dass sie geklaut werden können. Wir legen uns auf die Lauer und kassieren dann bei den Usern im großen Stil ab. Wer will seine Software schon legal verkaufen, wenn er durch die illegalen Downloads ein Vielfaches verdienen kann! Der Trick: Es kostet euch von Zock Enterprises keinen müden Cent. Und wir werden nebenbei auch noch reich. Gut, was?

Das ist rein betriebswirtschaftlich tatsächlich ein gutes Modell. So betrachtet könnte auch das von mir mit Skepsis verfolgte E-Book-Szenario sich zum elektronischen Goldesel für die Branche entwickeln. Achtung, ihr Anwälte! Wenn ihr nicht mehr Taxifahren wollt, spezialisiert euch auf das E-Book! Das wird demnächst auch millionenfach geklaut werden. Und im Vergleich zu den schäbigen zehn oder 20 Euro, die ein echtes Buch den Leser kostet, sind die 400 Euro, die ihr nach der Rechnung der Kollegen von Winkel Advokaten abgreifen könntet, doch richtig gut! Ein einziger fieser Brief, fünfhundertmal verschickt, bringt mehr als ein Jahr lang Taxi zu fahren. Oder in Anwaltsgehilfinnen gerechnet: Damit lassen sich zwei schlecht bezahlte Mitarbeiterinnen finanzieren. Das E-Book, Anwalts Liebling!

Der kleine Nebeneffekt dieser Entwicklung ist, dass eine ganze Generation kriminalisiert wird. Wir machen aus unseren Kindern lauter digitale Oliver Twists. Schlimm. Schlimmer noch aber ist, dass sich das ganz fatal auf das Unrechtsbewusstsein auswirkt. Weil es jeder tut. Weil es immer geschieht. Weil es gewollt ist!

Als ich mich kürzlich wegen eines Verweises aufregte, den meine Tochter aus der Schule nach Hause brachte, stieß ich auf großes Unverständnis. Als ich zum Lehrer ging, um die Sache zu besprechen, nicht minder: Verweise, das sei heute doch etwas ganz Normales, jeder Schüler bekäme ab und zu einen. Ich dürfe das nicht vergleichen mit früher, als ich selber Schüler war und ein Verweis bedeutete, dass man ganz bösen Ärger hatte, und zwar mit der Schule und zu Hause.

Was gewöhnlich wird, berührt einen nicht mehr und bedrückt einen schon gar nicht. Was üblich ist, ist normal. Wenn es aber üblich wird, dass man illegal aus dem Internet etwas herunterlädt, dann bedeutet das, dass es ganz normal wird, als Jugendlicher Straftaten zu begehen. Was für eine verquaste Logik. Und was für unabsehbare Konsequenzen!

»Beachten Sie bitte, dass dies das einzige Angebot zur außergerichtlichen Streitbeilegung ist.« So schließt das Anwaltsschreiben.

Es wurden dann dennoch knappe 400 Euro daraus, weil mein Anwalt auch nicht auf den Kopf gefallen ist. Wenn ich allerdings seine Kosten hinzuzähle, dann läuft es finanziell aufs Gleiche hinaus. Der Unterschied ist, dass ich das befriedigende Gefühl habe, nicht alles mit mir machen zu lassen.

Mein Kind tut mir dennoch leid. Da Strafe sein muss, gab es natürlich Ärger. Und die Schuld muss abgearbeitet werden! Denn es geht ja nicht an, dass die Spieleindustrie und die mit ihr verbündete Anwaltsindustrie letztlich nur eine perfide Form von Elternsteuer darstellen. Also hilft mein Kind jetzt im Haushalt und in der Firma, bis die Schuld getilgt ist. Und dass dabei viele schöne freie Stunden draufgehen, schmerzt mich kaum weniger als mein Kind. Ich hoffe, es erfüllt erzieherisch seinen Zweck. Lehrreich war es allemal. Auch für mich.

Ganz allein unter Wölfen

Es war in der fünften oder sechsten Klasse. Ich erinnere mich an strahlende Sommertage, einer schöner als der andere – nur nicht für mich. Denn Andi, Werner und ein Typ, dessen Namen ich erfolgreich verdrängt habe, haben mich damals jeden Tag vor oder nach der Schule abgefangen und verprügelt. Mal morgens, manchmal mittags, mal fast bei mir vor dem Haus, mal in der Nähe der Schule. Oft in irgendwelchen Einfahrten, in die sie mich geschubst hatten, oft aber auch mitten auf dem Gehweg, wo Leute vorbeigingen, ohne sich einzumischen. Drei gegen einen. Das ging den ganzen Sommer so. Und zwischen den Prügeln gab es immer den Hinweis: »Wir sehen uns nachher« oder »Bis morgen, wir freuen uns schon«.

Das nennt man Mobbing, es kam damals schon häufig vor und ist heute weit verbreitet. Die Kinder und Jugendlichen leiden darunter enorm. Ich erinnere mich gut, wie ich bei meiner Oma auf dem Schaukelstuhl saß

– ein seltsames Bild aus Jämmerlichkeit und Blümchendessin – und zitternd, mit Tränen in den Augen wieder und wieder stammelte: »I ko nimma« (»Ich kann nicht mehr« – damals war das Bayerische meine Hauptsprache).

Oma fand, dass ich es mit dem Selbstmitleid nicht übertreiben sollte – und rief meinen Vater an, der einige Wochen später auch tatsächlich kam und mit mir zu Andis Vater ging. Ich bin ziemlich sicher, dass Andi ordentlichen Ärger bekommen hat, vermutlich handgreiflichen. Ich habe zwar auch noch einmal großen Ärger mit der Clique bekommen, sprich: Sie haben mich noch einmal verprügelt. Aber dann war Schluss. Ein für alle Mal. Seit damals hat keiner mehr körperliche Gewalt gegen mich angewendet. Es war eine schwere Zeit für mich gewesen – und sie war vorbei.

Wie viel schwerer wäre es gewesen, hätte es nicht die Nachmittage gegeben, an denen ich mich geborgen wusste, an denen ich meiner Oma was vorjammern konnte und mich vor allen Anfeindungen und Angriffen in Sicherheit wusste. Es ist kaum vorstellbar, wie grausam Mobbing ist, wenn man es tagtäglich, wochentags, wochenends und rund um die Uhr ertragen muss! Und doch geschieht das immer wieder und immer öfter. Denn die Formen des Mobbings haben sich geändert. Längst geht es nicht mehr nur darum, jemandem körperlich wehzutun, seine Würde zu verletzen und ihn durch verbale und handgreifliche Niederträchtigkeiten zur Verzweiflung zu treiben: Heute findet Mobbing bevorzugt im Internet statt. Damit aber ist es zu einem Phänomen geworden, das immer und überall präsent ist – und das sogar über die Zeit der »eigentlichen« Angriffe hinaus besteht!

Immer öfter werden Kinder und Jugendliche, aber auch Erwachsene Opfer von Cyberangriffen auf ihre Würde. Sie werden lächerlich gemacht, beleidigt, bloßgestellt. Was vielleicht mal als Frotzelei unter Gleichgesinnten begonnen hat, entwickelt eine Eigendynamik und wächst sich zu einem digitalen Tsunami aus, der nicht mehr beherrschbar ist und von Dritten geritten wird. Sicher gibt es immer wieder auch planvolle Angriffe nach dem Motto: »Ich mach dich fertig.« Und es mag sein, dass gelegentlich jede Konsequenz tatsächlich gewollt ist. Aber das wird die Ausnahme sein. Denn die Konsequenzen von Internetmobbing sind oft genug fatal im engsten Sinn des Wortes. Immer öfter erfährt man inzwischen von Fällen, in denen Menschen dem Druck der ununterbrochenen Verfolgung und Erniedrigung mittels Internet nicht mehr standgehalten und sich das Leben genommen haben.

Da gibt es Jugendliche, die sich auf sozialen Netzwerken zusammenrotten, um ihre Opfer fertigzumachen. Da gibt es Websites, die eingerichtet werden nur zu dem Zweck, einen anderen Menschen bloßzustellen, herabzuwürdigen oder zu diffamieren. Da gibt es E-Mail-Attacken, in denen Hunderte, ja Tausende von gehässigen, drohenden, verlogenen Botschaften in die Welt geschickt werden. Und die Opfer müssen jeden Tag und jede Stunde damit rechnen, wieder verletzt zu werden. Es wächst so ein Druck, der nicht mehr auszuhalten ist und schwerste psychische Schäden nach sich zieht.

Am schlimmsten ist vielleicht, dass diese Art von Mobbing immer wieder Trittbrettfahrer animiert, sich zu beteiligen. Kürzlich las ich von einem Vater, der seinen Beruf aufgegeben hat, um Schulen zu besuchen und den Schülern von seinem Sohn zu erzählen. Der Junge war Opfer von Internetmobbing geworden. Irgendwann erklärte er in einem Onlineforum, er werde sich umbringen. Hat jemand versucht, ihn davon zurückzuhalten? Nein. Vielmehr wurde er wieder und wieder aufgefordert, es doch endlich zu tun. Eines Tages schrieb ihm ein Unbekannter: »Wann tust du es denn endlich?«

Und er antwortete: »Heute.«

»Na endlich!«

Der Junge wurde nicht gerettet. Niemand warnte die Eltern, niemand versuchte, ihn von seinem Vorhaben abzubringen. Er hat es getan. Sein Vater hat das Ausmaß des Mobbings erst danach erfahren, er hatte sich so etwas nicht einmal vorstellen können.

Das Internet ist ein Segen für die Menschheit und ein Fluch zugleich. Denn es eröffnet nicht nur wunderbare Möglichkeiten, sondern ist auch die Büchse der Pandora. Was in den vierziger Jahren des 20. Jahrhunderts die Atomenergie war, das ist heute das Internet: Quell unvorstellbarer Energien – und das gefährlichste Werkzeug des Bösen. Welche Idylle im Vergleich dazu die Zeit, als man noch verprügelt wurde – und im sicheren Hafen des Zuhauses ein Nest fand, das wirklich schützte und in dem man Kraft schöpfen konnte, um die Grausamkeiten zu überstehen, die die Welt draußen für einen bereithielt.

Allen Opfern solchen Internetmobbings kann ich nur raten: Versuchen Sie, den Computer zwei Tage lang nicht anzuschalten, und achten Sie darauf, was passiert. Wahrscheinlich wird nämlich nichts passieren, die Welt dreht sich weiter wie bisher. Wenn sie sich aber zwei Tage lang weiterdreht, dann wird sie das auch zwei Wochen – und auch zwei Monate – lang tun. Das aber ist der Beweis, dass es auf die Gemeinheiten, auf die Niederträchtigkeiten, die das Internet für Sie bereithält, überhaupt nicht ankommt. Und wenn irgendwann der Erste darauf kommt, dass Sie der ganze Zirkus gar nicht interessiert, dann wird der Wahnsinn ganz von allein aufhören. Denn in Zeiten des Internets gilt immer noch, was immer galt: Jemand anderen zu ärgern macht keinen Spaß, wenn der sich nicht ärgert.

Und weil das so wichtig und im Gegensatz zu manch anderem Thema in diesem Buch gar nicht lustig ist, hier noch ein paar Adressen, bei denen es Rat und Hilfe beziehungsweise mehr Informationen gibt:

www.mobbingberatung.info
www.lehrer-online.de
www.juuuport.de
www.saferinternet.at
www.klicksafe.de

Das Entschleunigungswunder

Ich gebe es ja zu: Ich bin befangen. Seit jeher wollte ich
Schriftsteller werden, Bücher waren mir immer eine ver-
lockende, geheimnisvolle Welt unendlicher Erfahrungen und Möglichkeiten. Also wundert es nicht, dass ich
auf mehrfache Weise in die Welt der Büchermacher gelangt bin: als Schriftsteller, Literaturagent und zeitweilig
sogar als Verleger. Wenn man sich so intensiv mit dem
Büchermachen beschäftigt, bleibt es nicht aus, dass man
gelegentlich über den Zauber der Bücher nachdenkt.
Denn ein Zauber ist es. Im Grunde haben wir es ja nur
mit bedrucktem Papier zu tun. Und doch: Ein Buch ist
viel mehr als die Summe seiner Bestandteile.

Zunächst ist ein Buch die Verkörperung von Gedanken. Blicke ich in ein Buch, so sehe ich in den Kopf eines
anderen Menschen. Wenn wir es genau nehmen – sogar
in mehrere Köpfe. Denn der Text entstammt nicht nur
der Feder seines Urhebers, er hat auch ein Lektorat
durchlaufen, ein Korrektorat, der Setzer hat ihn in die

Form gebracht, in der wir ihn gedruckt vorfinden. Also haben sich die Gedanken und Kenntnisse einer ganzen Reihe von Menschen in diesem Buch »verkörperlicht«. Faszinierenderweise kommt es nun zu einer Interaktion: Denn der Text, den ich lese, formt im selben Augenblick auch meine Gedanken. Sie sind der Ansicht, das täte ein Bildschirmtext auch? Auch auf ihn träfe zu, dass er die Gedanken eines oder womöglich sogar mehrerer Menschen widerspiegelt? Auch er forme mein Denken? Richtig! Und genau hier liegt der Hase im Pfeffer! Denn die Art und Weise, wie ein Buch mein Denken formt, steht in krassem Gegensatz zu den allermeisten Bildschirmtexten. Ein Text, der für die Lektüre an einem Display gestaltet wurde, unterscheidet sich in der Regel erheblich von einem Buchtext, weil er anderen Anforderungen genügen muss: Am Bildschirm steht wenig Platz zur Verfügung, den sich die meisten Texte mit einem großen Wust an Zusatzinformationen teilen müssen, seien es Bedienelemente aus der Taskleiste, Banner aus der Werbung oder Navigationsziele zu anderen Inhalten der Website. Also hat der kluge Texter Häppchen gemacht, Häppchen mit vielen Kästen und Zwischenzeilen, Bildern, Pop-ups und sonstigen Features, die dem eiligen Leser schnell das Wichtigste präsentieren. Der Effekt dieses Angebots ist so gut wie immer derselbe: Wir lesen selbst dieses Wenige nicht zu Ende, wohl wissend, dass ein Großteil der »Informationen« überflüssig ist oder Aspekte betrifft, die uns nicht wirklich interessieren. Stattdessen klicken wir von Page zu Page, öffnen ein Fenster nach dem anderen und versuchen, uns mit möglichst cleveren Sprüngen dem Ziel unseres Interesses zu nähern. Das ist eine Strategie, die für sich genommen nicht schlecht ist, denn sie erwächst aus der menschlichen Fähigkeit, sich auf das Wichtige zu konzentrieren und das weniger Wichtige auszublenden, einer Fähigkeit, die es uns erlaubt, im Straßenverkehr zu überleben und den Sonnenuntergang zu genießen. Der Text prägt die Art unseres Denkens: sprunghaft, assoziativ, schnell – und oberflächlich. Lesen als Fluchtimpuls.

Dem steht das Buch mit einer ganz anderen Qualität gegenüber. Nicht nur erlaubt es dank seines Umfangs – selbst die dünnsten Bücher bringen im Vergleich zu den am üppigsten getexteten Websites ein Vielfaches an den Leser – eine ganz andere Tiefe in der Darstellung von Gedanken. Es ist vor allem in einer Zeit der dramatischen Beschleunigung ein wundervolles Mittel, das Leben zu verlangsamen. Das Buch ist ein Entschleunigungswunder. Wer sich dem Stress und dem Terror unserer schnelllebigen Zeit wenigstens für einige Stunden entziehen möchte, der sollte nicht den Fernseher einschalten (zumal ja auch die Filme immer schneller geschnitten werden), schon gar nicht sollte er ein Computerspiel spielen, nein, er sollte ein gutes Buch zur Hand nehmen, am besten ein dickes, sollte lesen und dabei auch nicht bestrebt sein, besonders schnell zu lesen. Im Gegenteil: Das beste Essen ist unbefriedigend, wenn man es herunterschlingt. Nicht anders ist es bei Büchern. Die besten sollte man sich auf der Zunge zergehen lassen. Wenn Sie ein Buch lesen, legen Sie es ruhig auch wieder beiseite, sinnieren Sie ein wenig darüber, lesen Sie jeden Tag, betrachten Sie es als angenehme Massage Ihrer kleinen grauen Zellen, geben Sie sich dieser Massage hin, lauschen Sie in sich hinein, sehen und hören Sie sich selbst beim Denken zu, so wie Sie in die Gedanken des Autors hineinlauschen, dessen Werk Sie gerade lesen. Machen Sie es jetzt gleich! Ja, jetzt, legen Sie das Buch für ein paar Minuten aus der Hand und schauen Sie aus dem Fenster. Eine angenehme Ruhe wird Ihnen in Ihrem eigenen Kopf begegnen, nun, da Sie ein paar Gedanken mitgedacht haben, die Ihnen vielleicht sogar aus der Seele sprechen, nein, sogar ganz sicher aus der Seele sprechen. Denn Sie würden dieses Buch nicht lesen, wenn Sie nicht längst heimlich alles wüssten, wovon hier erzählt wird. Ja, wir drehen den Spieß um: Ich blicke jetzt in Ihren Kopf und sehe darin einen Menschen, der nicht verloren ist und der sich selbst noch nicht aufgegeben hat. Sie werden sich nicht verkaufen an den digitalen Terror. In Ihnen brennt noch eine Flamme echten Lebens, die Sie nicht verlöschen lassen werden. Aber jetzt will ich schweigen und Sie Ihren eigenen Gedanken überlassen. Schön, dass Sie sie denken …

Wieder da? Gut. Ich bin stolz auf Sie. Vielleicht sind Sie beim Weiterdenken auch auf den Gedanken gekommen, dass ich jetzt das Buch nur in Bezug zum klassischen Bildschirm gesetzt habe. Aber eigentlich ist es doch das E-Book, das das digitale Pendant darstellt. Und für das gilt ja alles zu den Gedanken und zur Urheber-schaft Gesagte ebenso.

Stimmt. Fast. Denn die Lektüre am Bildschirm bleibt immer die Lektüre am Bildschirm. Zwar hat die Indus-trie die lästigen Extras, die das Lesen am Computer zu-sätzlich erschweren, bei E-Books auf ein Minimum re-duziert. Doch das ist bloß eine vorübergehende Phase. Sobald wir uns alle an die Lektüre von E-Books gewöhnt haben, wird es ein Wettrennen um die besten Werbe-plätze geben. Die Art, wie ein E-Book unsere Gedanken formt, ist schon heute eine andere als die, in der es ein Buch tut. Spätestens dann aber wird sie sich fundamen-tal davon unterscheiden – und zwar in Richtung auf ma-ximale Manipulation.

Aber selbst wenn wir diese kulturpessimistischen As-pekte außer Acht lassen: Wir werden viel verlieren, wenn wir uns vom guten alten gedruckten Buch verabschieden. Nehmen Sie doch für einen winzigen Augenblick Ab-stand von dem Buch, das Sie gerade in Händen halten. Tauchen Sie aus dem Text auf und nehmen Sie das Buch selbst wahr. Führen Sie es zur Nase und riechen Sie daran. Sie riechen Papier, Druckerschwärze und Leim, ein ganz eigenes Bukett aus Düften. Streichen Sie mit der Hand über das Papier. Spüren Sie, wie rau es ist und zugleich samtig? Klappen Sie es zu und lauschen Sie dem Ge-räusch, das es macht … Sie haben es wieder geöffnet? Sie haben auch den Umschlag mit der Hand bewusst befühlt?

All das, was Sie in den letzten Augenblicken an Sinnes-eindrücken aufgenommen haben, werden Ihre Enkel vielleicht schon nicht mehr kennen, jedenfalls nicht aus ihrem Alltag. Möglicherweise werden sie Bücher beäugen wie Tiere im Zoo, ein gewisser musealer Hauch wird für sie auf bedrucktem und gebundenem Papier liegen, und Sie, die Sie dieses Büchlein in Händen halten, werden auch wie aus dem Neolithikum daherkommen und erzählen: »Damals haben wir solche Dinger noch haufenweise gelesen.« In der guten alten Zeit, in der man sein Buch noch mit allen Sinnen genießen konnte.

Autorenkarrieren im Wandel der Zeit

So wie sich das Medium Buch ändert (nicht alle Publikationen, aber immer mehr), ändert sich auch der Schriftsteller (nicht alle Autoren, aber eben immer mehr): Voll Ehrfurcht stand ich vor dem Pult, an dem Goethe in Frankfurt seinen *Götz* geschrieben hat, staunend hielt ich das handschriftliche Manuskript der Memoiren der Wiener Maler-Legende Ernst Fuchs in Händen, graphologisch übrigens den goetheschen Handschriften nicht unähnlich, gerührt die mit den Nöten des Alters und Filzstift niedergeschriebenen Erinnerungen des Schauspielers Siegfried Lowitz. Ja, das waren noch Zeiten, als Manuskripte noch Manuskripte waren: von Hand geschrieben. Diese Zeiten sind natürlich lange vorbei. Ob Kafka oder T. E. Lawrence – der Autor von Welt schrieb schon vor hundert Jahren auf der Maschine. Heute sind auch solche Literaten Käuze. Heute ist es das Notebook, in das die zu Papier zu bringenden Arbeiten eingespeist werden, übrigens auch vom Verfasser dieser Zeilen. An der eigentlichen schriftstellerischen Arbeit hat das letztlich wenig geändert – nur das Handwerkszeug ist ein anderes. Kein Gänsekiel mehr, keine Stahlfeder, kein Füller, ja kein mechanisches oder elektrisches Gerät mehr, sondern eben ein elektronisches. Und wenn auch einige kluge Köpfe reklamieren, dass der in Sprache gegossene Gedanke nicht derselbe ist, wenn er stattdessen gehämmert wird, so lässt sich doch kaum nachweisen, *wie* sich der Gedanke auf dem Weg zu seiner Niederschrift verändert.

Im Jahr der Niederschrift dieses Buches hat ein anderes Buch für Furore gesorgt, das man vermutlich in absehbarer Zeit nur noch in sehr vager Erinnerung haben wird: *Axolotl Roadkill* (ein in seiner Blödheit genialer Titel, vergleichbar mit den übelsten Ohrwürmern der Schlagerindustrie). Für dieses Buch wurde der Begriff vom »Drag-and-drop-Literaten« erfunden (auch das eine wirklich gute Wortschöpfung): Man sucht sich einen Text aus dem Internet, kopiert ihn und fügt ihn dann in ein »eigenes« Werk ein. Natürlich ist das Zitieren von literarischen Vorbildern eine Würdigung derselben, die es schon immer gab. Sie setzt allerdings voraus, dass es genügend Leser gibt, die diese Würdigung erkennen, weil sie sich auf einen bekannten und gedruckten Text bezieht. Einen im Internet nur für Insider auffindbaren völlig unbekannten Text eines völlig unbekannten Verfassers zu »zitieren«, heißt dagegen natürlich nicht weniger, als ihn zu klauen. Aber das ist ja auch einer der Zwecke des Netzes: alles umsonst bekommen. Im Zweifel sogar die Texte, die man dann für gutes Geld veröffentlicht. Wollte man es gut finden, so könnte man jedem Menschen, der begabt genug ist, eine Computermouse zu beherrschen, ohne sich damit selbst zu entmannen, zurufen: »Such dir aus dem Netz, was vielleicht irgendein altmodischer Spinner lesen möchte, und bring es als Buch heraus, damit die Doofen, die nicht selbst klauen wollen, dir dafür ihr Geld in den Rachen werfen!«

Immerhin: Die elektronische Niederschrift hat viele Vorteile. Fehler lassen sich ausbessern, bevor sie das Papier verunzieren, Sätze oder Absätze lassen sich verschieben, wer will kann ein Korrekturprogramm den Text durchgehen lassen (großzügig sehen wir darüber hinweg, dass die Maschine einen Großteil der benutzten Wörter nicht kennt und also zu Unrecht als falsch oder fragwürdig anzeigt). Hinzu kommt, dass man die Schrifttype wechseln kann, sie dem Inhalt oder dem Wunsch des Autors anpassen, den Schriftgrad den Erfordernissen entsprechend einrichten, verschiedene Farben zum Einsatz bringen und ganz viel anderen Schnickschnack nutzen kann, um einem Text schon vor seiner Papierwerdung den Status eines schriftlichen Gesamtkunstwerks zu verpassen (früher nannte man das Kalligraphie, heute nennt es sich »Baby Cruffy« oder »GlooGun«). Das verdanken wir dem Gedächtnis des elektronischen Impulses, das sich eben jederzeit löschen oder umprogrammieren lässt. Und es ist unbestreitbar ein Vorzug – wenn man von der pingeligen Einwendung absieht, dass, wer jeden Text beliebig oft ändern, löschen und umbauen kann, sich längst nicht so gut vorher überlegt, was er zu

Papier bringt, als derjenige, der sich die Mühe machen muss, alles noch einmal zu schreiben, oder der, wie früher die Mönche in ihren Skriptorien, auf das teure Pergament achten und es ein ums andere Mal mit extrem scharfen Klingen abschaben muss, wenn er die Feder noch einmal ansetzen will. Gegen die damaligen Papierpreise ist heute ein Notebook ein Klacks. Und es müssen auch weniger Kühe dran glauben, wenn einer was schreiben will. Also: Dem Schreiben hat die Digitalisierung gutgetan. Oder?

Zu diesem Ergebnis könnte man auch unter einem ganz anderen Aspekt kommen, nämlich dem der reinen Textmenge, die tagtäglich niedergeschrieben wird. Denn die Kommunikation der Menschen hat sich grundlegend geändert. Hat man früher noch telefoniert, chattet man heute im Internet. Man schreibt sich SMS, mailt sich rasch zu, »postet« seinen Gemütszustand oder die aktuellen Urlaubspläne auf StudiVZ, während man früher allenfalls am Küchentisch davon erzählt hat. Die ganze Welt erfährt davon. Wovon? Von allem! Ständig. Und vor allem: schriftlich. Die Welt ist voller Schriftsteller. Die Zahl der Blogs, die täglich begonnen werden, geht in die Tausende, längst gibt es Millionen davon. Bücher, die keiner verlegen möchte, verlegt man selbst. Als E-Book auf der eigenen Website. In Internetforen tauschen sich Gleichgesinnte aus über Marmeladenrezepte, Bastelbausätze, Gartenmöbel oder Straßenstriche. Alles schriftlich. Menschen, die womöglich sonst mit niemandem je darüber kommunizieren würden, schon

gar nicht mit jemandem, den sie nicht kennen oder –
noch schlimmer – mit jemandem, den sie kennen. Erst
recht nicht, wenn die- oder derjenige am anderen Ende
der Welt sitzt oder in der Wohnung nebenan. Man äu-
ßert sich schriftlich. Natürlich nicht als Günter Grass
oder Frank Schätzing, sondern als »Geilemaus25«,
»Herlmutt-Muenchen« oder »TerminatorX«. Pseudonyme allerorten. Der Autor versteckt sich hinter seinem
Werk. Das gibt es freilich auch in der »realen« publizisti-
schen Welt. Doch in Fällen literarischer Pseudonyme ist
der Grund meist nicht der, ein virtuelles Doppelleben
als undurchsichtiger Manipulator mit maximalem Frei-
raum ohne Schamgrenze und ohne Angriffsfläche zu be-
gründen.

Dank dem Internet wird heute viel mehr geschrieben
als jemals zuvor in der Geschichte der Menschheit. Und
man kann vermutlich auch belegen, dass das Internet
der Alphabetisierung äußerst zuträglich ist, weil heute
jeder Schwachkopf mitmischen möchte (ja gerade die
Schwachköpfe!) und deshalb lesen und schreiben können muss, will er nicht den Anschluss an seine sogenannte »Peergroup« verlieren. Die Frage ist nur, auf wel-
chem Niveau das stattfindet. Natürlich kann man
hoffen, dass das Internet als eine Art Einstiegsdroge dazu
führt, dass, wer erst einmal einen Buchstaben vom anderen unterscheiden kann und »YouPorn« und »YouTube«
auseinanderzuhalten gelernt hat, irgendwann auch Interesse für komplexere Texte entwickelt. Ob sich das allerdings bis zu jenen herumspricht, die bei »YouTube« und

»YouPorn« eigentlich ohnehin schon am Ziel der Wünsche sind, ist fraglich.

Auf einem sehr niedrigen Niveau ist das Internet unbestreitbar der Lesefähigkeit der Menschen förderlich. Und es inspiriert unendlich viele Menschen dazu, sich schriftlich zu äußern. Ob in Form schlichter Kommunikation (»Wane stake Pati gestan«), in Form spezieller Blogs (»Tagebuch eines Meerschweinchens«) oder in Form von Literatur aller Art (»Die schönsten Spargelgedichte«).

Last but not least ist die Fachliteratur zu erwähnen. Sie entwickelt sich dank Internet in exponentieller Weise. Denn, geben wir es zu, wir alle sind doch Spezialisten und Profis für irgendetwas. In der Regel für alles. Foren wie »Wer weiß was?« explodieren förmlich vor Einträgen. Wikipedia hat eine ganz neue Art von Expertentum geschaffen, die dadurch geprägt ist, dass es weder auf Ausbildung noch auf Qualifikation ankommt, sondern allein auf den Wunsch, sich als Instanz zu fühlen. Das birgt fraglos Gefahren. Für den Einzelnen, der sich auf möglicherweise falsche oder falsch eingeordnete Informationen verlässt. Und für die kollektive Intelligenz der Menschheit, weil Fehlinformationen bekanntlich irgendwann eine eigene Wahrheit entwickeln, wenn sie nur lange genug und vielfältig genug weitergegeben werden. Dazu tragen Suchmaschinen bei, die heute zum wichtigsten Recherchemittel geworden sind. Immer häufiger gelangen falsche Angaben, die sich auf Google, Yahoo & Co. finden, in die Artikel seriöser Journalisten.

Und, mal ehrlich, wir glauben ja selbst zu gern, was wir auf Wikipedia finden. Über die Frage, wer das eigentlich dort eingestellt hat – und vor allem warum – machen wir uns kaum Gedanken.

Autoren, das sind im eigentlichen Sinn des Wortes »Urheber«. Mit jedem Text, den wir ins Netz stellen, machen wir uns zu Autoren. Der Planet ist mit der Erfolgsgeschichte des World Wide Web zu einem Gestirn der Literaten geworden. Millionen-, ja milliardenfach füttern wir eine virtuelle Welt mit unseren Texten. Kurzen. Langen. Fiktiven. Fachlichen. Persönlichen. Albernen. Ernst gemeinten. Wir alle sind heute Schriftsteller. Sicher, die einen mehr, die anderen weniger. Doch je mehr Autoren es gibt, umso weniger wird auf den Wert des Geschriebenen geachtet. Da gäbe es eine Menge zu verbessern. Ein Anfang könnte sein, dass wir wieder ab und zu nicht in die Tastatur greifen.

Die digitale Evolution *oder*
Das Leben als Mannschaftssport

Schon Mitte der 1990er Jahre hat ein kluger und weit-
sichtiger Amerikaner namens Don Tapscott ein Buch
verfasst, das den Titel *Die digitale Revolution* und im
Deutschen auch noch den bemerkenswerten Untertitel
»Verheißungen einer vernetzten Welt« trägt. Tapscott
hat sich darin mit Fragen modernster technischer Entwicklungen und ihrer Auswirkungen auf die Gesellschaft
befasst und dabei Antworten gefunden, die zum großen
Teil auch heute noch Gültigkeit haben und angesichts
der Geschwindigkeit, mit der die sogenannte digitale
Revolution über uns hereingebrochen ist, zum Teil sogar
als prophetisch bezeichnet werden können – wobei ich
gestehen muss, dass ich nicht weiß, ob er im Wesentlichen eigene Gedanken zu Papier gebracht hat oder eine
Kombination aus Erkenntnissen und Überlegungen anderer kluger Köpfe – aber das wird man sich beim vorliegenden Buch auch fragen müssen, denn manche Er-

kenntnisse und Bewertungen liegen zu gewissen Zeiten einfach in der Luft.

Tapscotts Verdienst täte aber auch dies keinen Abbruch. Aus seinem Buch gewinnt man viele neue Einsichten, übrigens nicht nur solche, die der Autor selbst vor Augen hatte. So schreibt er zum Beispiel:

»Interaktive Multimedia-Technik und der sogenannte Datenhighway, repräsentiert etwa durch das Internet, schaffen durch die Vernetzung menschlicher Intelligenz die Grundlagen für eine neue Wirtschaftsordnung. In diesem neuen digitalen Umfeld erwirtschaften einzelne Menschen und Organisationen Wohlstand durch die Anwendung von Wissen, vernetzter menschlicher Intelligenz und Arbeit in allen Bereichen der Wirtschaft, Produktion, Landwirtschaft und Dienstleistungen.«

Tatsächlich ist es so gekommen: Unüberschaubare Menschenmengen speisen heute ein virtuelles Lexikon wie Wikipedia und bilden damit eine – natürlich fragile und fragwürdige – kollektive Intelligenz ab, die ein Einzelner niemals für sich beanspruchen könnte (auch wenn man einräumen muss, dass solche enzyklopädischen Werke seit Diderot nicht mehr von einem Individuum in Angriff genommen wurden, sondern immer schon das Werk vieler waren). Jeder Einzelne von uns trägt zu riesigen Datenschätzen bei, selbst wenn er sich dessen gar nicht bewusst ist. Wer sich mittels einer Suchmaschine selbst im Internet sucht, wird in der Regel eine Vielzahl von Einträgen finden, die natürlich immer eine Art von Informationspool bilden. Er hat also zum Wissen der Welt beigesteuert. Die einen tun das durch ihre bloße Existenz, manche bereits mit ihren allerersten Fotos, die sich in Internetnetzwerken wie Flickr wiederfinden, die anderen tragen aktiv und gezielt dazu bei. Und schließlich gibt es noch jene, die die Datenpools und Datenströme kanalisieren und katalogisieren. Sie schaffen Raster, durch die wir alles wahrnehmen – eine moderne Form der Zensur, auch wenn sie gar nicht wie eine solche aussieht. Denn jede Wertung und vor allem jede Abwertung oder Ausmusterung ist Zensur.

Wir vielen, die wir zu der neuen, gigantischen menschlichen Kollektivintelligenz beitragen, gehören in der Regel jedenfalls nicht zur dritten Kategorie (denn die sitzt in den Internetfirmen, vor allem bei Google, Yahoo & Co.), sondern finden uns in einer der ersten beiden wieder.

Die Beschäftigung mit dem Phänomen der kollektiven Intelligenz führt einen schnell zu Parallelen aus der Tierwelt. Auch Spezies anderer Art bilden kollektive Intelligenzen, Ameisenstaaten etwa oder Bienenvölker. Sie leisten Unglaubliches. Nie wäre eine einzige Biene fähig, eine Wachswabe für ihre Nachkommen zu bauen, nie eine Ameise dazu, einen Strauch generalstabsmäßig zu entlauben oder einen hochkomplexen Kegel aus Baumnadeln zu errichten. Und doch schaffen sie es – weil sie viele sind und sie ihre Fähigkeiten auf eine geradezu magische Weise bündeln. Das Internet also gibt uns Menschen diese Fähigkeit ebenfalls. Aus Individuen, die wir sind, werden Herdentiere. Wir speisen unsere Talente, Fähigkeiten, Energien in einen gemeinsamen Pool, der diese Talente, Fähigkeiten und Energien potenziert. Doch wollen wir das wirklich? Sollten wir es?

Die Mitglieder eines Ameisenstaats oder eines Bienenvolks heißen nicht von ungefähr Soldaten oder Arbeiter. Es gibt nur eine einzige höhere Instanz in diesen Intelligenzkollektiven: die Königin. Bei uns heißt sie Google oder Wikipedia, YouTube, Facebook oder Microsoft. Wenn wir den Gedanken der kollektiven Intelligenz zu Ende denken, kann uns für die Menschheit durchaus angst und bange werden: Denn immer dort wo kollektive Intelligenz herrscht, gibt es keine individuelle Intelligenz mehr. Die muss man an der Garderobe abgeben, wenn man in dieses Casino Eintritt begehrt.

Natürlich kann man diese digitale Evolution auch als einen wunderbaren Mannschaftssport begreifen. Und ich bin sicher, viele Internetuser, vor allem Mitglieder sozialer Netzwerke, tun das, bewusst oder unbewusst. Wollen wir aber wirklich unser Leben lang auf dem Spielfeld stehen? Nach der Pfeife einiger weniger tanzen, die sich als Internetdienstleister oder Plattformentrainer und Schiedsrichter geben – oft genug in Personalunion? Die »Community« ist keine Fußballmannschaft. Wer auf das Feld geht, begibt sich in Sklaverei. Er spielt nach den Regeln, die andere aufstellen und bei Bedarf auch ändern können. Und viele verlieren sich im Kollektiv, ohne jemals wieder daraus aufzutauchen.

Immerhin schreibt Tapscott in seinem Buch auch: »... natürlich ist das Zeitalter der vernetzten Intelligenz ebenso ein Zeitalter potenzieller Gefahren. Für den Einzelnen, für Organisationen und Gesellschaften, die zurückbleiben, folgt die Strafe auf dem Fuß. Der Wandel erfasst nicht nur die alten Geschäftsregeln, sondern auch Regierungen, soziale Institutionen und die Beziehungen zwischen den Menschen. Das neue Medium verändert die Art und Weise, in der wir unseren Geschäften nachgehen, arbeiten, lernen, spielen und sogar denken.«

Das ist es, was ich als digitale Evolution bezeichnen würde: Die Veränderung des Denkens, der Auffassungsgabe, der Wahrnehmung, wie sie in uns im Verlauf von Jahrzehntausenden gereift ist. Wissenschaftler haben längst bewiesen, dass Menschen, die hauptsächlich am Bildschirm lesen oder virtuell kommunizieren ihren neurologischen Bauplan verändern. Sie prägen andere Talente aus, vor allem aber büßen sie vorhandene Talente ein. Wie alle fundamentalen Veränderungen wird auch diese, sofern sie nur lange genug und häufig genug vorkommt, unser menschliches Erbgut verändern und damit spätere Generationen konditionieren – ein für die Internetindustrie ganz wundervoller Nebeneffekt.

»Und mehr noch als die alte Zivilisationsgrenze im amerikanischen Westen«, schreibt Tapscott weiter in einer für Amerikaner typischen chauvinistischen Beschränktheit, die sich mit globaler Vision paart, »ist das digitale Neuland ein Ort der Rücksichtslosigkeit, Verwirrung, Unsicherheit, der Katastrophen und Gefahren. Es gibt einige Anzeichen für eine neue Wirtschaftsordnung mit noch konzentrierterem Wohlstand, in der Grundrechte wie etwa die Privatsphäre auf der Strecke bleiben und in der eine Spirale von Gewalt und Repression unsere wichtigsten Sicherheiten und Freiheiten unterminieren.«

Starker Tobak. Aber er hat ja Recht. Leider. Bill Gates wird womöglich dereinst als der Billy the Kid der Jahrtausendwende gefeiert werden – von allen, die ihm nicht zum Opfer gefallen sind oder die ganz einfach nicht die Distanz zu einem Revolverhelden halten können. Einen kleinen Vorgeschmack auf das Katastrophenszenario, das Tapscott vielleicht meint, hat das sogenannte Y2K-Drama gegeben, jene Panik vor dem magischen Datum 31.12.1999, mit dessen Verstreichen ein Absturz von Millionen Computern weltweit befürchtet wurde, ein Megacrash unvorstellbaren Ausmaßes, in dessen Folge die Toten Legion gewesen wären, Menschen, deren Leben vom Funktionieren eines Computers abhängt, weil eben in jedem Ding heutzutage ein Chip enthalten ist und alles, was exakt funktionieren soll, irgendwo zentral computergesteuert wird.

Der Y2K-Crash ist ausgeblieben. Das ist natürlich ein Glück und auch ein Beleg dafür, dass die Computerspezialisten längst nicht so viel über die von ihnen geschaffenen Maschinen wissen, wie sie glauben. Aber es wäre vielleicht auch der Warnschuss gewesen, den die Menschheit gebraucht hätte, bevor sie sich mit ganzer Seele der digitalen Welt verschreibt. Und so bleiben Gates & Co. vorerst Freiheitshelden und die Unterdrückung der individuellen durch die kollektive Intelligenz wird nicht als Diktatur des Egalitären wahrgenommen.

Möglicherweise ist es ja auch nur ein ganz großer

174

Schwindel, an dem wir alle mit Lust mitwirken. Denn wer hat nicht schon sein eigenes Bild im Internet geschönt, Informationen eingestellt, die dort nichts zu suchen haben oder ganz einfach falsch sind oder aus Gefälligkeit eine positive Produkt- oder Dienstleistungsbesprechung auf einer Website hinterlegt. Wir alle tragen durch solcherlei Manipulationen nicht nur zur kollektiven Intelligenz der Menschheit bei, sondern auch zu deren Demontage. Frei nach Mephistopheles: Wir sind ein Teil von jener Macht, die stets das Böse will und stets das Gute schafft. Denn auf jedem Spielfeld gibt es Falschspieler und Foulspieler. Und oft sind sie es, die dem Spiel die nötige Würze geben.

Der Ernst des virtuellen Lebens

Ich gebe es zu: Inzwischen bin ich das Arbeiten am Bildschirm schon so gewöhnt, dass auch ich, wenn es schnell gehen soll, beim Nachschlagen auf Wikipedia klicke und mir einen schnellen Überblick verschaffe. Allerdings leiste ich mir in der Regel einen Gegencheck, sobald ich wieder mehr Zeit habe. Denn klassische Lexika haben nun einmal den Vorteil, dass sie von Sachverständigen geschrieben wurden, während freie Enzyklopädien im Internet vor allem von Möchtegernsachverständigen gefüttert werden. Manche Begriffe sind jedoch geradezu prädestiniert dazu, im Internet nachgeschlagen zu werden. Avatar zum Beispiel. Dazu konsultiere ich im Zweifel tatsächlich lieber Wikipedia als Brockhaus, weil ich erwarte, dass »User« darauf womöglich eine fundiertere Antwort haben als Professoren für Kommunikationswissenschaft oder wer immer sich sonst zu einem Eintrag unter diesem Stichwort berufen fühlen könnte.

»Ein Avatar«, klärt mich Wikipedia also auf, »ist eine künstliche Person oder ein grafischer Stellvertreter einer echten Person in der virtuellen Welt, beispielsweise in einem Computerspiel.«

Das musste mal geklärt werden, weil mir der Begriff in letzter Zeit häufiger begegnet ist – nicht erst, seit ein Blockbuster-Machwerk in 3D unter diesem Titel die Kinos für viele andere Filme verstopft hat. Avatare sind also die Gestalten, die digitale Paralleluniversen bevölkern – soweit sie ein Pendant im echten Leben haben. Wobei durchaus zu bezweifeln ist, ob die Besitzer eines Avatars überhaupt noch ein »echtes Leben« haben.

Einer Studie zufolge verbrachten im Jahr 2007 fast 22 Prozent von 8500 befragten Neuntklässlern täglich mehr als vier Stunden in einem Onlinespiel wie »World of Warcraft«. Das heißt, dass fast ein Viertel der jungen Menschen einen Avatar hat.

»World of Warcraft«, das habe ich zunächst für ein sogenanntes Killerspiel gehalten. Ist es aber offenbar nicht. Ärzte und Quantenphysiker treiben sich da ebenso herum wie Schulabbrecher und Gabelstaplerfahrer. Das heißt, eigentlich treiben sich dort eben nicht Ärzte herum, sondern deren Avatare – die allerdings vermutlich durchaus Ärzte sein können. Aber auch Gogo-Tänzerinnen oder Gabelstaplerfahrer. Je nachdem, welche heimliche Sehnsucht das wirkliche Leben zu stillen nicht geeignet ist. Das ist zweifellos auch der Grund, warum diese Welten so überproportional mit Superhelden und Superschurken gesegnet sind. In diesen Kategorien sind eben im nichtdigitalen Kosmos eher wenige Stellen ausgeschrieben.

»World of Warcraft«, kurz WoW, ist ein sogenanntes MMORPG, ein »Massively Multiplayer Online Role-Playing Game«, was auf gut Wiki-Deutsch heißt: ein Massen-Mehrspieler-Online-Rollenspiel. »Spieler aus der ganzen Welt haben hier die Möglichkeit, ihren Alltag zurückzulassen«, wie WoW selbst schreibt. Oder süchtig zu werden.

Denn das ist in der Regel der Effekt dieses Angebots: Man entflieht der Realität und taucht ein in eine Welt voller Gleichgesinnter, in der alles möglich ist, in der jeder über sich selbst hinauswachsen, ja ein ganz anderer sein kann, nicht notwendig Mensch und schon gar nicht Loser, wie sehr er das im echten Leben vielleicht auch ist. Doch Vorsicht: WoW wird nicht einfach nur von Losern gespielt. Das Verblüffende ist, dass der Suchtfaktor auch bei Menschen wirkt, die ein erfolgreiches und erfülltes Dasein haben. Es scheint in der menschlichen Psyche tief verwurzelt zu sein, jemand anderes sein zu wollen. Vielleicht ist das ja der Antrieb, der uns überhaupt zum Homo sapiens sapiens gemacht hat: dieses Sich-verändern-Wollen. Allein hier wird es problematisch. Denn im Gegensatz zum Steinzeitmenschen, der kein Steinzeitmensch bleiben wollte, haben wir es hier nicht mit einem mutigen Voranschreiten in eine veränderte Zukunft zu tun, sondern mit einem Verharren in einer ewigen Parallelgegenwart, während die Welt ringsherum mutig voranschreitet und man irgendwann nicht mehr in ihr Fuß fassen kann. Ganz abgesehen davon, dass WoW und andere Rollenspiele ordentlich Geld kosten. Wer nicht löhnt, bleibt draußen. Insofern ist das dann doch eine sehr reale Welt, die da praktiziert wird.

Ein Anlass zu gewissen Hoffnungen ist der Umstand, dass eine Plattform wie Second Life ihren Zenit inzwischen weit überschritten hat. Wer sich dort noch herumtreibt, dürfte in der Szene als mega-out gelten. Natürlich sind diese Menschen zu bedauern, weil sie nicht einmal mehr in ihrer virtuellen Welt auf der Höhe der Zeit sind. Aber es könnte ja sein, dass die Warcrafter und etliche andere Parallelweltvölker bald ähnlich von vorgestern sein werden, so dass viele erkennen, wie hohl und gefährlich solche Gemeinden sind und wie sehr sie sich ausgrenzen, indem sie einen Großteil ihrer Zeit in eine fiktive Welt investieren.

Avatar. Das Wort leitet sich übrigens aus dem Sanskrit ab. Dort bedeutet Avatara »Abstieg«, was sich auf das Herabsteigen einer Gottheit in irdische Sphären bezieht. Der Begriff wird im Hinduismus hauptsächlich für Inkarnationen des Gottes Vishnu verwendet.

Niemand wird bestreiten: Wir befinden uns längst in irdischen Sphären. Abstieg kann deshalb eigentlich nur bedeuten, dass wir uns durch den Einstieg in eine virtuelle Welt auf einen Abstieg in unterirdische Sphären begeben.

Wunschkonzert

Die Welt der elektronischen Wunder hat unsere musikalischen Möglichkeiten auf vielfältige Weise bereichert. Nicht nur kann heute jeder mit dem Computer zu Hause Sinfonien à la Mozart, Vivaldi oder Schostakowitsch komponieren (zugegeben, an Letzterem beißen sich die Pogrammierer noch die Zähne aus, weil es am »Typischen« fehlt), ganze Jahrgänge von angestaubten Platten werden recycelt, indem man sie »remastered«. Seit Erfindung des Synthesizers ist aber die Anwendung elektronischer Beats auch massentauglich gemacht worden, es fand sozusagen eine Demokratisierung der Musik statt. Wer jetzt jubelt, möge bedenken, dass das ewige Dilemma der Demokratie ist, dass viele Dumme über wenige Kluge bestimmen (weshalb sich so viele eigentlich Kluge dauernd bis zur Unkenntlichkeit verbiegen, um sich selbst den vielen Dummen schmackhaft zu machen). Die Folge lässt sich in jedem Zugabteil erleben:

7.55 Uhr: Der Zug fährt an. Tschaikowski ertönt. Das große, wuchtige Schwanenseemotiv, Daaa-da--da-da-da-daaa-da. Allerdings nicht groß, und schon gar nicht wuchtig, sondern piepsig, nervtötend: für Bekloppte. Könnte man meinen. Bis gleich darauf »Ein Stern, der deinen Namen trägt« erklingt. Grausamer als jeder Film mit Jennifer Lopez, penetranter als jeder Werbespot mit Verona Pooth.

Das wird bis Frankfurt so gehen. Das Wunschkonzert quer durch die Musikgeschichte in Form einer digitalen Vergewaltigung der Großen aus E- und U-Musik wird gelegentlich unterbrochen durch die berüchtigte Kennung eines zu Recht berüchtigten Telekommunikationsunternehmens. Ein Witzbold hat in seiner Krachmaschine auch die Sturm-Fanfare der Yankees gespeichert, ein anderer lässt sie schlicht alle paar Minuten nach Art eines Hahns krähen (vornehmlich in jenen wenigen Augenblicken, in denen das Wunschkonzert gerade pausiert und ich mit schweren Augen in den Sitz zurücksinke).

Jeder hat so ein Ding dabei, ein Mobiltelefon, mit dem er seine Mitmenschen nicht nur ganz allgemein lärmtechnisch terrorisiert, sondern auch im Besonderen auf seine eigene musikalische Unzulänglichkeit oder auf seine perversen akustischen Vorlieben aufmerksam macht. Natürlich kann man das auch als Balz begreifen. Wenn sich zwei Sterne träfen, die deinen Namen tragen, das wäre doch ein Signal. Oder einer spielt den Walkürenritt, ein anderer die Ouvertüre zur *Götterdämmerung*.

Wobei Wagnerianer unter den Lärmbelästigern eher selten anzutreffen sind. Eher wahrscheinlich sind zwei Sätze der *Kleinen Nachtmusik*. Aber mag man daraus schließen, dass sich da zwei Freunde Mozarts gefunden haben? Vielleicht eher, dass es zwei Feinde Mozarts sind, die sich an einem Ort eingefunden haben, um den Geist in seinem Armengrab zu beschwören, womöglich in der Hoffnung, dass er sich dort umdrehe und man ihn endlich identifizieren könne. Wer weiß, wozu? Man wird es auch nie erfahren. Denn jeder einzige Unton aus dem Handyreich hat ja in der Regel zur Folge, dass entweder geblafft wird (»Dann sagen Sie ihm, dass ich das morgen früh um acht auf meinem Schreibtisch haben will. Und schicken Sie mir die Kalku per Mail«) oder gesäuselt (»Ich bin in einer halben Stunde da. Ja. Ja. Ja. Mhm. Mhm. Ja. Ich dich auch. Mhm. Pssst. Mhm. Ja. Bussi. Jaaa, nachher, psst Mhm. Du kleines Schweinchen. Mhm. Jetzt is aber gut … Bussi. Tschü-hüs. Schmatz«).

Hier meine zehn Handyklingelhighlights aus der Bahn, geordnet nach Nervigkeit, absteigend:

1. Telekom.
2. Eine kleine Nachtmusik.
3. unbekannte Schundschnulze, wahrscheinlich ein Megahit, den ich bloß noch nie im Radio gehört habe, weil ich die Sender nie höre, die ihn spielen; klingt aber wie wenn Rex Gildo Beethoven interpretiert.
4. Ein Stern, der deinen Namen trägt.

5. Schnappi, das kleine Krokodil.
6. Tschaikowski, Klavierkonzert Nr. 1.
7. Also sprach Zarathustra.
8. New York, New York.
9. Wagners Walkürenritt.
10. The final Countdown.

Die Klingeltonindustrie, heißt es, schreibt inzwischen Umsätze, von denen traditionelle Plattenlabels nur träumen. Man kann das positiv sehen: Die Digitalisierung beweist an diesem Punkt exemplarisch, dass es ihr gelingt, Bedürfnisse zu wecken, von denen vorher niemand geahnt hat, dass es sie überhaupt gibt – und sie zu befriedigen. Früher haben Telefone geklingelt, heute ist ein Klingelton zum teuer bezahlten Statussymbol upgegradet: zur Handelsware geworden. Also zahlen wir für Schall und Rauch, nein eigentlich für weniger. Aber ehrlicherweise muss ich zugestehen, dass mir die unkörperliche Form von »Schnappi, das kleine Krokodil« allemal lieber ist als die körperliche. Denn die verschwindet einfach im Nirgendwo und entfernt sich, nachdem der Klingelton verstummt ist, in den Weiten des Weltalls – und ich kann nur hoffen, dass niemals eine ferne Zivilisation ihn als Botschaft unserer Erdenkultur auffängt.

Money, Money – Money?

Dieser Tage ist mir etwas Schönes widerfahren. Wir sind umgezogen (das war noch nicht das Schöne, denn Umzüge sind etwas Grauenvolles). Und mit uns sind viele, viele Bücher umgezogen. Nach alter Tradition und Sitte trägt man als Erstes den Koran in ein neues Haus. Dazu muss ich erwähnen, dass meine Frau Perserin ist. Dieser Koran, so gehört es sich, wird an den höchsten Platz der neuen Räumlichkeiten gelegt (was im vorliegenden Fall mangels bereits vorhandenen Mobiliars das Fensterbrett war). Vermutlich gibt es noch allerlei sonstige Bräuche, wie etwa das Verlesen einer Sure oder das Küssen des Buches – das alles ist bei uns weggefallen. Aber ich konnte nicht widerstehen, mal eben nachzusehen, welche Ausgabe es ist. Bei der Gelegenheit fiel mir ein Fünf-Mark-Schein entgegen. Und dann noch einer. Und noch einer.

Nein, es war keine Ausgabe von *Tausendundeine Nacht*, der die wundersame Fähigkeit zu eigen gewesen wäre, es

Geld regnen zu lassen, es war der Koran, in den wir bis zu ihrem Tod jene Geldscheine, die die Großmutter meiner Frau, eine sehr würdige und ebenso traditionsbewusste, will heißen: abergläubische Frau, uns alljährlich zum Nouruz-Fest (dem persischen Neujahr) als symbolische Glücksgabe dargereicht hatte. Zärtlich hob ich also diese ob ihrer Vergangenheit und der damit verbundenen Segenswünsche so wertvollen Scheine auf und entfaltete sie – und eine sachte Wehmut überkam mich. Die alten Fünfer! Die schönsten unter den aus heutiger Sicht doch sehr schönen D-Mark-Scheinen. Darauf die jugendschöne Venezianerin von Dürer mit den allerliebsten Stopsellocken. Das Papier war noch von bester Qualität, die Scheine waren ja quasi direkt von der Bank in den Koran gewandert, und doch griff es sich wie ein Relikt aus alten Zeiten an. Die Farben ergingen sich in melancholischer Stimmung, weit entfernt von den bunten Pop-Geldscheinen, die wir heute haben. Und der Geruch: eine sinnliche Erinnerung. Der Fünf-Euro-Schein unternimmt ja den rührenden Versuch, ein wenig nach dem Fünf-Mark-Schein daherzukommen. Aber mit diesen schönen alten Geldscheinen kann natürlich nichts mithalten.

Und doch: Auch die neuen Scheine und auch die etwas peinlichen ganz alten, riesengroßen Lira-Scheine oder die kaum weniger peinlichen alten Franc-Scheine, die allesamt nichts wert waren, soweit sich noch nicht vergreiste Menschen zurückerinnern können, strahlen eine gewisse Würde aus. Ein Geldschein ist etwas mit besonderer Sorgfalt Geschaffenes. Künstler und Handwerker von unstreitigem Ruf haben sie gestaltet, Grafik und Herstellung sind eine Kunst für sich, einzigartige Druckverfahren wurden eigens für sie entwickelt und perfektioniert, Farben hergestellt, die nur dafür benutzt werden. Der Geldschein als Illusion eines Wertes wird so zu einem Kunstwerk, ja zu einem Wert an sich. Und seine Fähigkeiten, Menschen, ganze Völker gar, glücklich zu machen oder ins Unglück zu stürzen, tun ihr Übriges.

Wären diese Scheine nicht in unserem Koran gelandet, durch wie viele Hände wären sie wohl gegangen, wer hätte seinen Hunger gestillt, indem er einen dieser Scheine einsetzte, welche Kinderaugen hätten geleuchtet, wenn es einen dieser Fünfer zum Zeugnis gab. Wer hätte den Schein verloren und vergeblich bei Wind und Wetter danach gesucht … In einem Geldschein stecken viele Geschichten, Erlebnisse, ja manchmal Schicksale, je größer der Schein, umso größer womöglich die Bedeutung dieser vergangenen Zeiten.

Wir aber haben uns heute längst an bargeldlosen Zahlungsverkehr so gewöhnt, dass wir immer seltener zum Geldschein greifen. Schnell eine Karte gezückt, eine Nummer getippt oder eine Unterschrift geleistet – und schon ist es weg, das Geld, das wir nie gesehen haben, weil es auf unserem Konto liegt, wo es allerdings genau genommen gar nicht liegt, weil es auch dort nur als elektronischer Implus existiert, hinterlegt durch einen anderen elektronischen Impuls, der ebenso wenig existierendes Geld von einem anderen Konto aus dorthin befördert hat – und auch dort war es womöglich Geld, das nie jemand zu Gesicht bekommen hat. Und so geht die Idee vom Geld auf Reisen, reist rund um den Globus, füllt Guthaben auf oder vermindert sie, wächst zu unvorstellbaren Summen an, die sich dann »Buchgeld« nennen, Geld, das nie jemand in die Hand nimmt, das verliehen und gekauft wird, das in Pools landet, aus denen sich Finanzmarktinstrumente speisen, die kein Mensch versteht, durch die aber einige Menschen sehr reich werden, während ganze Staaten daran verarmen. Die große Weltwirtschaftskrise, die im Jahr 2008 ihren Anfang nahm, wäre nicht vorstellbar, wenn die Menschen noch Geld in die Hand nähmen. Stattdessen nehmen sie Darlehen auf, eine abstrakte Summe wird auf ihr Konto gebucht, andere abstrakte Summen werden monatlich, wöchentlich, täglich abgebucht, hin und her verschoben. Ist das Guthaben weg, wird es aufgefüllt, indem man mittels eines weiteren Darlehens die Summe einfach wieder vergrößert ... Es ist eine wundersame Welt der Geldvermehrung, in der nur eines fehlt: Geld.

Machen Sie den Versuch: Sehen Sie sich die Summe an, die auf Ihrem Kontoauszug steht. Da steht vielleicht 1877,76. Alles in Ordnung, alles im grünen Bereich. Sie können den Auszug jetzt wegheften. Oder Sie heben mal eben – und sei es nur für ein paar Minuten – den Betrag ab und lassen sich die 1877,76 Euro auszahlen, am besten in gemischten Scheinen. Nehmen Sie das Geld in die Hand, zählen Sie es durch, legen Sie es vor sich auf den

Tisch, stecken Sie es in die Geldbörse. Fühlt sich unge-
wohnt dick an? Überhaupt ein eigenartiges Gefühl, mit
so viel Geld durch die Gegend zu laufen.

Ja, Geld vermittelt ein eigenartiges Gefühl. Es ist das
Gefühl von Gefahr und Verantwortung. Wenn Sie eine
solche Summe in der Tasche tragen, denken Sie beim
Verlassen der Bank vielleicht: Jetzt darf mich niemand
überfallen! Warum? Weil Geld uns in Gefahr bringt.

In die allergrößte Gefahr bringt uns aber das Geld, das
wir nicht sehen, weil es nur in der virtuellen Welt existiert. Es kann unsere Existenz vernichten und unsere
Wirtschaft ruinieren. Es kann Spekulanten reich machen und Staaten in die Knie zwingen. Digitales Geld ist
ein schleichendes, aber mächtiges Gift.

Machen Sie es, wie Dagobert Duck: Nehmen Sie ab
und zu mal ein Geldbad. Das macht zwar geizig, aber es
schärft den Respekt vor und das Gefühl für Geld.

Das Swomp

»Das musst du dir ansehen!« Die Begeisterung gluckst mich förmlich aus den Augen meines jüngeren Sohnes an. In der Hand hält er ein iPhone und demonstriert mir, wie auf dem Display die vermeintliche Flüssigkeit schwappt, wenn er sich das Ding an den Mund hält, so dass es aussieht wie ein Glas, das man kippt, um zu trinken.

»Davon haben wir ein paar Dutzend in der Küche«, sage ich trocken. »Und die stillen sogar noch den Durst.«

»Oder hier!« Er tippt zweimal auf die Scheibe, macht ein Foto von mir und zeigt mir, wie mir durch digitale Bildbearbeitung Hörner aus der Nase wachsen und meine Mundwinkel sich an die Ohren kleben lassen. Es gab mal berufsmäßige Grimassenschneider auf Jahrmärkten. Vermutlich ist dieser Beruf spätestens seit dem Auftauchen des iPhones ausgestorben, so wie die Jahrmärkte bald ausgestorben sein werden.

Für mich kündigt die Entstehung immer weiterer i-Arten ein unweigerlich damit einhergehendes Artensterben an. Die iPods und iPads und iPhones und iBooks – sie rotten als elternfressende Mutanten immer dasjenige Kulturgut aus, das sie im eigenen Namen tragen, nämlich hinter dem »i«.

Endlich haben wir die Abteilung »Handys & Smartphones« hinter uns gelassen, und ich kann – verzweifelt nach einem echten Fotoapparat schielend – doch zumindest eine Beinahe-Kamera in die Hand nehmen.

»Eine iCam«, klärt mich der Verkäufer auf, der seltsamerweise immer zur Stelle ist, wenn ich mich nicht für seinen Rat interessiere, aber garantiert nie Zeit hat, wenn ich ihm an den Fersen klebe (es muss am Gesichtsausdruck liegen: Die Händler wissen immer, wenn man sie wirklich braucht; dann freilich nehmen sie sich alle Zeit der Welt, bis sie sich einem widmen, denn ein Kunde, der verzweifelt Rat sucht, läuft ja nicht weg).

»Oh«, sage ich. »Wie viel Dezibel bringt sie denn rüber?«

Verständnislos blickt mich mein Sohn an. Dann schaut er zum Verkäufer, der mich ebenfalls ansieht, als käme ich von einem anderen Stern. »Was wollen Sie denn mit der Kamera?«

»Telefonieren«, sage ich. »Und guten Sound natürlich.«

»Telefonieren«, wiederholt der Verkäufer.

»Paps, das ist doch mal wieder einer deiner schwachen Scherzen oder?«, kombiniert mein Sohn.

»Wieso? Du willst unbedingt ein Telefon, mit dem du fotografieren kannst. Was spricht dagegen, dass ich nach einer Kamera frage, mit der ich telefonieren kann?«

»Dann kauf dir doch gleich ein Handy«, sagt mein Sohn.

»Sie wollen ein Handy?«, fragt der Verkäufer, zu meiner Überraschung gar nicht weiter erstaunt. Nun ja, vermutlich begegnet man als Verkäufer im Elektronikmarkt täglich mehr Aliens als Hollywood je hervorgebracht hat. »Nein«, widerspreche ich. »Ich will eine Kamera. Meine Frage war lediglich, ob ich damit auch telefonieren kann.«

Der Verkäufer zwinkert uns verschwörerisch zu. »Kommen Sie mal mit«, flüstert er. »Ich zeige Ihnen die Kamera der Zukunft.« Er blickt sich nochmal um, ob uns auch niemand beobachtet, dann winkt er uns durch eine unauffällige graue Tür in den hinteren Teil des Ladens. Zuerst ist es dunkel um uns. Dann tippt er irgendwo an der Wand einen Code ein, und eine Wand gleitet zur Seite, hinter der eine riesige Halle sichtbar wird, eine Kathedrale des technischen Fortschritts. An virtuellen Werkbänken stehen Hunderte von schlanken, attraktiven Gestalten in silbernen Anzügen und bewegen mit Kung-Fu-artigen Bewegungen zwischen ihren Händen frei in der Luft schwebende Gegenstände mikroskopischen Ausmaßes, die durch eine sie umgebende Kugel virtuell vergrößert werden. »Bitte nichts berühren«, sagt der Verkäufer und lotst uns zu einer Lounge, in deren Mitte eine Art Schrein aufgebaut ist. Auf diesem Schrein aber liegt, wie der erste selbst verdiente Taler im Geldspeicher Dagobert Ducks, auf edlem Samt ein Juwel. Doch halt! Es ist gar kein Juwel, es sieht nur so aus. »Das

Swomp!«, erklärt uns der Verkäufer mit vor Stolz bebender Stimme. »Es wird unser Leben revolutionieren!«

Das Swomp. Es ist ungefähr so groß wie ein Ohrstecker und sieht auch in etwa so aus. Es ist ein Ohrstecker!

»Haben Sie ein Ohrloch?«, fragt der Verkäufer.

Leider kann ich damit nicht dienen. »Ich könnte mir schnell eines stechen lassen!«, erklärt mein Sohn, wie immer zu allen Abenteuern bereit, und macht schon einen Ausfallschritt Richtung Ausgang, wo, wie er von seiner Schwester weiß, der Trash-Juwelier Bijou Frigid mit einer seiner Filialen versucht, das soziale Niveau des Viertels zu drücken.

»Nicht nötig, dass Sie weggehen. Wir erledigen das gleich hier.« Und noch ehe ich auch nur ein Wort des Widerspruchs über die Lippen bringe, hat der Verkäufer schon eine Handfeuerwaffe von der Größe einer Pumpgun ausgepackt und feuerte damit auf das Ohr meines Abkömmlings, der kurz zuckt, schwankt, sich an mir festhält, verblüfft die Augen aufreißt, verdreht, schließt und dann mit einem langgezogenen »Boaaaah!« auf einen der megacoolen Loungesessel niedersinkt und wie gelähmt vor sich hin stiert, was vermutlich daran liegt, dass er gelähmt ist. »Das vergeht gleich«, erklärt mir der Verkäufer. »Im ersten Moment ist es so, als könnte man unter Wasser sprechen und atmen und so.«

»Und so …«, wiederhole ich, unentschieden, ob ich zuerst meinen Sohn oder den Verkäufer schütteln soll.

»Sehen Sie, das Swomp ist das ultimative Kommunikationsmedium«, doziert der junge Mann, von seinen Worten offenbar selbst ganz fasziniert. »Einmal auf seinen Besitzer codiert, kann es alles, wofür Sie sonst eine ganze Tasche voller Geräte brauchen. Sie können damit telefonieren. Wenn Sie jemanden anrufen wollen, brauchen Sie nur seinen Namen auszusprechen, und Ihr Swomp wählt automatisch die Nummer. Wenn Sie Musik hören wollen, sagen Sie nur die Band und den Track ...«

»Track?«

»Titel.«

»Aha.«

»Wenn Sie ins Internet gehen oder einen Film ansehen wollen, geben Sie nur die Website oder den Filmtitel an. Mit Ihrem Swomp-Eye können Sie jederzeit surfen oder gucken.« Er zwinkert mir zu und lupft aus der Brusttasche seines Hemdes eine Art Sonnenbrille, die vermutlich sein Swomp-Eye darstellen soll. »Natürlich ist ein Navi drin, der Ihnen immer sagt, wie Sie langgehen oder fahren müssen. Durch die automatische Spracherkennung können Sie Mails verschicken, twittern und chatten. Es sind die achthundert besten Games vorinstalliert, Sie haben alle Funktionen, die Sie auch von jedem anderen guten Onlineservice erwarten: Party, Fun, Games, Erotik ...« Zwinker, zwinker. »Mit unserem Jupiter-Special scannen Sie jedes Gewinnspiel deutschlandweit und nehmen automatisch daran teil, das Ding finanziert sich also praktisch von selbst. Außerdem brauchen Sie keine Kreditkarte mehr, sammeln überall, wo sie damit einkaufen, automatisch Punkte, bekommen Bonusangebote bei jedem ...«

»Geiiiil!«, höre ich meinen Sohn ausrufen, der hektisch an seinem Ohr herumspielt. »Meeegageiiil!«

»Ah, er hat die Matchpointfunktion gefunden. Die ist auch ohne Spracherkennung echt stark«, dozierte der Verkäufer.

Da reißt es meinen Sohn, und er stöhnt auf. »Ja«, erklärt der Verkäufer. »Im Reality-Run ist das Game echt hart. Das geht voll auf die Neuronen …«

Ich schreie auf, stürze mich auf meinen Sohn, reiße ihm das Swomp aus dem Ohr – und wache schweißgebadet auf.

Ein Traum. Es war nur ein Traum. Gott sei Dank. Die Wirklichkeit ist nicht so. Mein Sohn ist nicht so! Die Terrassentür steht offen, draußen scheint die Sonne. Die Vögel zwitschern, das Baby schläft in seinem Buggy. Der Nachbar schneidet fröhlich seine Hecke, hat den MP3-Player im Ohr und sieht und hört nichts von der Welt. Ich trete ins Freie. In der Ferne ziehen dunkle Wolken auf. Bald wird es vorbei sein mit der Idylle. Besser, ich nehme die Kleine jetzt rein, damit sie noch ein bisschen schläft. Was mir das Swomp wohl präsentiert hätte, wenn ich als Bandname »Richard Wagner« angegeben hätte und als Track »Götterdämmerung, Vorspiel zum dritten Akt«?

Eines Tages wird es das Swomp geben, davon bin ich überzeugt. Ein Gerät, das alles kann, alles weiß und uns genau sagt, wohin wir müssen, was wir brauchen, was wir wollen und was wir denken. Es liegt in der Natur des Swomps, den Menschen nach seinem Bild zu formen.

Mein elektronisches Profil

Mitte Juni 2010. Werfen wir mal einen Blick in die Gegenwart. Ich weiß ja, dass es Menschen gibt, die sich fast täglich »googeln«. Ich tue das so gut wie nie – und das letzte Mal ist sicher schon zwei Jahre her. Bis heute also etwa 10 400 Einträge. Ist das viel, ist es wenig? Schwer zu sagen. Wenn ich als Vergleichsgröße Jesus Christus nehme (ca. 3,36 Millionen Einträge), sieht es eher mager aus. »Sepp Montasser« (98 500 Einträge) überrascht und bestürzt mich – bis ich feststelle, dass schon der erste Eintrag wenig mit einem Menschen dieses Namens zu tun hat:

19.10.2006, Vereinsmitglied Sonja Fürst-
Szymanski und Sepp *Fürst haben einen Sohn*
(Fotos … Montasser. Josef. 12. Badawy. Moustafa.
30. Dr. Gyn. Montasser …

Fragt sich natürlich, wozu um alles in der Welt eine solche Suche gut sein soll, wenn mir die Maschine am Ende alle Texte ausspuckt, in denen zufällig die zwei gesuchten Begriffe auftauchen. Aber gut, zurück zu meinem »Profil«. Auch das überrascht und bestürzt mich: Denn schon nach einigen wenigen ganz wohlwollenden Artikeln und dem Eintrag als Dozent an der Uni folgen veraltete Adressen, Zusammenhänge, von denen ich selbst noch nichts gewusst habe – und jede Menge literarische Jugendsünden, die im Zeitalter des Internets nun die ganze Welt nicht nur kennt, sondern die praktisch ins Gedächtnis dieser Welt eingebrannt sind. Es gibt ja keinen Weg, das alles irgendwie aus derselben zu befördern. Früher konnte man etwa ein Buch wie »Thomas Montasser, *Frau Meier lässt ihre Katze links liegen*« so lange vom Markt kaufen, bis es schlicht nirgends mehr zu finden war. Und dann durfte es dem Vergessen anheimfallen. Heute existiert das Bild und wird ewig existieren. Denn irgendein Knallkopf, irgendeine Suchmaschine wird immer alle Dateien durchforsten und als gigantisches Schleppnetz für Nutzloses wirken. Zu der Zeit, als ich dieses Buch (und viele andere Bücher, an die ich nicht mehr gern erinnert werde) geschrieben habe, gab es das Internet in der Form, wie wir es heute nutzen, noch nicht, ja, ich wusste nicht einmal, was Internet ist. Ich kann mich gut erinnern, dieses Machwerk habe ich auf meinem ersten Computer geschrieben, der eine Kapazität von 512 KB hatte und seinerzeit absolut auf der Höhe der Zeit war. Ein paar Fotos darauf zu speichern hätte ihn wahrscheinlich nicht zum Absturz, sondern zur Explosion gebracht. Aber auf die Idee wäre damals niemand gekommen. Schon deshalb nicht, weil niemand Bilddateien hatte und die wenigsten sich überhaupt hätten vorstellen können, wie das gehen soll. Am allerwenigsten vermutlich mein Computer.

Und heute, kaum fünfundzwanzig Jahre später, begehe ich den Megafehler und erwähne dieses unsägliche Werk? Nein, ich erwähne es nicht. Nachdem ich diesen Satz geschrieben haben werde, ändere ich den oben bereits erwähnten Originaltitel in einen völlig sinnfreien neuen Titel, den es bisher nicht gibt und unter dem ich mir jedes mögliche Buch vorstellen kann … So. Erledigt. Tut mir leid für Sie. Nun werden Sie es nie erfahren, welches meiner Bücher mir so peinlich ist. Aber stellen Sie sich nur vor, es geschähe das Unmögliche und das Buch verschwände tatsächlich im Lauf der Zeit aus dem Netz. Dann wäre ich, indem ich es hier erwähnt habe, gar derjenige gewesen, der das vollständige Verschwinden behindert, weil er einen neuen Treffer der Suchmaschinen ermöglicht. Nein, so weit darf Authentizität nicht gehen.

Also: Mein elektronisches Profil ist definitiv ein schlechter Steckbrief. Man erfährt viel, aber von allem, was mir wichtig ist, viel zu wenig. Das, was mich ausmacht, kommt hier gar nicht vor. Möglich, dass das bei Nutzern sogenannter Social Networks anders ist: Sie stellen dort ja alles ein, womit sie sich identifizieren – und also ergibt jede Suchanfrage entsprechende Treffer bei Facebook, Fotos bei flickr, Videos bei MySpace …

Alles Dinge, die dem Zweck der Veröffentlichung dienen und deshalb offensichtlich auch kein wahrheitsgetreues Bild der jeweiligen Person zeichnen. Aber immerhin eines, das den Abgebildeten gefallen müsste. Für einige Zeit. Man wächst natürlich aus jeder Lebensphase auch irgendwann hinaus. Und oft wächst die Selbstwahrnehmung mit. Das Internet wird zwar größer, aber es wächst sich eben nicht aus, sondern bewahrt jede Peinlichkeit bis zum Jüngsten Tag. Meine Vermutung ist ja, dass Gott googelt. Beim Jüngsten Gericht hat er es dann ganz einfach: Es sind ja doch überwiegend die wenig vorteilhaften Ereignisse und Beschreibungen zu finden. Das Internet, der Ort, an dem man sie garantiert findet: Alle Sünden dieser Welt.

PS: Wieder was gelernt! Wie gut, wenn man eine kluge Frau hat. Meine klärt mich auf: Man kann die Quatschquote der Suchmaschinen vermindern, indem man die gesuchten Begriffe in Anführungszeichen setzt (also »Thomas Montasser«) oder mit Bindestrich versieht (Thomas-Montasser; auf gut cyberdeutsch »Thomasminusmontasser«). Und so wird auch die Welt wieder geradegerückt: Sepp-Montasser muss demnach 0 Treffer haben, weil es diesen Menschen garantiert nicht gibt. Schnell mal nachgegoogelt: 404 000 Treffer … Oh! Na ja, ich habe meine Frau trotzdem lieb. Und wie jeder Mensch verdient sie eine zweite Chance: »Sepp Montasser«. Was soll ich sagen: »Keine Ergebnisse für ›Sepp Montasser‹ gefunden.« Yeah! »Ergebnisse für Sepp Montasser (ohne Anführungszeichen): ...« Das zeigt zumindest, dass Google zu dumm für uns Menschen ist – und die Erde keine Google ist.

Nachrichten
aus dem Paralleluniversum

Wenn wir alle MP3-Player, die es inzwischen in unserem Haushalt gibt, zusammennehmen würden, könnten wir damit vermutlich ein komplexes Brettspiel ausstatten. Die blauen gegen die weißen und alle gemeinsam gegen die silbernen oder schwarzen … MP3-Player zu kaufen ist inzwischen offenbar so ähnlich wie Brötchen kaufen. Die Dinger sind keine Gebrauchsgegenstände mehr, sondern Verbrauchsgegenstände. Ich habe meine Tochter gefragt, wieso sie schon wieder einen neuen MP3-Player braucht, sie hätte sich doch erst vor ein paar Monaten einen gekauft.

»Papaaa, das war letztes Jahr zu Weihnachten. Da hab ich meinen letzten gekriegt.«

»Ja und? Das ist doch noch nicht einmal ein Jahr her!«

»Aber mit dem kann ich nichts mehr anfangen. Da passt nicht mal ein Film drauf.«

»Ich habe dich doch neulich erst gesehen, wie du auf dem Miniding einen Film geguckt hast.«

»Jaaa. *Ein* Film passt drauf. Aber eben nur einer.«

»Dann ist doch alles in Ordnung. Mehr als einen kannst du dir doch sowieso nicht zur gleichen Zeit ansehen. In meinen Videorekorder passt auch immer nur ein Film rein.«

»O Mann, Paps, du bist mal wieder voll peinlich.« Sie verdreht in ihrer unnachahmlichen Weise die Augen. »Außerdem dauert es bei dem noch ewig, bis der Film drauf ist.«

»Ich denke, du machst das am Computer.«

»Klar. Aber er lädt ewig, weil er einfach nicht die Kapazität hat.«

Ja, das ist mir auch aufgefallen, dass alles immer schneller und schneller gehen muss! Kurioserweise verbringen wir trotzdem immer mehr Zeit am Computer, um irgendetwas zu installieren, deinstallieren, synchronisieren, posten, updaten, downloaden oder sonst irgendwie zu organisieren. Denn die Computerindustrie hat es geschafft, uns ein System zu implantieren, das immer neue Bedingungen stellt: Hast du dieses, brauchst du jenes, willst du dies, brauchst du erst einmal das. Alles fing damit an, dass man einen Computer brauchte, um entweder darauf zu schreiben (wozu es eigentlich ganz taugliche Schreibmaschinen gegeben hatte) oder primitive Spiele zu spielen (was man zu der Zeit eigentlich auch am Fernsehgerät tun konnte). Dann hatte man das Ding – und plötzlich gab es Software, die viel mehr konnte.

Nur der Computer konnte das nicht Also hat man sich einen leistungsfähigeren gekauft. In dem Pingpongverfahren – neuer PC, neue Software, neuer PC, neue Software ... – ging es dann dahin. Im Grunde bis heute. Nur, dass die findige Elektronikindustrie zwischenzeitlich noch ein paar andere absolut zwingende Gründe gefunden hat, weshalb wir uns mit neuer Hardware eindecken müssen: leichtere und flachere Laptops zum Beispiel. Oder Geräte, deren Name mit »i« beginnt und die uns deshalb enorm attraktiv erscheinen. Jeder gewöhnliche Heimcomputer erbringt heute das Tausendfache an Leistung, was Apollo 13 zur Verfügung stand, um Astronauten in den Orbit zu jagen.

Kein Wunder also, dass uns der Computer inzwischen auch immer tiefer in fremde Welten stürzt: Wer nicht ein oder mehrere virtuelle Paralleluniversen besiedelt, gehört eigentlich gar nicht mehr in dieses Jahrhundert. Der heutige Mensch lebt seine sieben Leben nicht hintereinander, sondern nebeneinander: Nachdem er sich im Second Life ausgetobt hat, stürzt er sich in die World of Warcraft und in etliche andere Scheinexistenzen. Inzwischen gibt es weltweit Suchtzentren, die versuchen, zumeist junge Männer und Frauen, die sich in diesen Paralleluniversen verloren haben, wieder in das echte Leben zurückzuholen. Denn der Computerbildschirm ist ein magisches Fenster, und viele können ihm nicht widerstehen. Sie sitzen davor, und irgendwann sind sie so gebannt vom Sog der Millionen Pixel, dass sie sie für echt halten und sich nicht mehr davon lösen können. Es ist ja auch verlockend: Alles, was mir im wahren Leben nicht gelingen mag, geht im virtuellen Leben ganz leicht von der Hand. Ich will ein Superheld sein? In Wirklichkeit scheitern die meisten von uns schon an den fehlenden Flugeigenschaften des Capes. Im virtuellen Raum muss man sich mit solchen Kleinigkeiten nicht aufhalten. Neue Freundin gefällig? »Erstell« dir eine! Wie darf sie aussehen? Was soll sie können? Du bist King Kong, schnapp dir die weiße Frau! Gib die Maße/Körpergröße ein: 70/90/90/160. Style: kreuze an: cool/sexy/klassisch/konservativ. Unterwäsche: rot/schwarz/ohne.

Haare: rot/blond/schwarz?

Gib an, wie oft du Sex haben willst: täglich/stündlich/ständig. Monogam oder mit Seitensprung? Gib an, wie oft du Seitensprung haben willst: täglich/stündlich/ständig.

Dazu brauchst du natürlich den passenden Schlitten. Mit Fabrikaten musst du dich gar nicht mehr aufhalten. Auch den Wagen kannst du dir »erstellen«: flacher, länger, Spoiler vorne, hinten, oben, abgetönte Scheiben, 24 oder 48 Zylinder, 800 oder 1200 PS, Beschleunigung auf 100 km/h in 0,2 sec., Firebrush beiderseits, natürlich flugfähig, amphibisch, off-road-tauglich, Kennzeichen: »ICH 007«.

Ein Haus gefällig? Warum nicht gleich ein Schloss? Eine Smith & Wesson dazu. Nerven aus Flugzeugverbundwerkstoff. Und dann ab ins Hochgeschwindigkeitsleben. Mit 64 GB, Livestream, in Echtzeit und ohne Jugendfilter.

Die virtuellen Paralleluniversen gaukeln uns ein Leben im Leben vor, das aber kein Leben ist, sondern bloß eine schlechte Karikatur – nicht des Lebens, sondern unserer Weltfluchtfantasien. Die meisten dieser Fantasien sind, wenn man dem Angebot des Internets und der Computerspieleindustrie glaubt, im Grunde steinzeitlich – Stammhirnaktivitäten, die nun endlich das Forum finden, das sie suchen. Es geht letztlich um ganz primitive Triebbefriedigung und die Lust am Ursache-Wirkung-Prinzip: Alles, was wir schon immer haben wollten, bekommen wir nun auf elektronischem Weg. Einen Luxusbody, Luxus-Frauen/Männer, Luxusleben, Abenteuer, den Kampf Mann gegen Mann, Blutrausch und multiple Orgasmen in Serie.

Aber ist es das, was wir wirklich wollen? Wenn es so wäre, müssten Computerspieler die glücklicheren Menschen sein. Sind sie aber nicht. Stattdessen werden sie nicht nur zunehmend als krankhaft handelnd betrachtet, sondern müssen sogar immer häufiger als krank therapiert werden. Kein Wunder: Die virtuelle Welt ist nur eine Oberfläche, sie ist hohl. Und wer sich ihr verschreibt, höhlt sich selbst aus. Echte Gefühle haben dann keinen Anker mehr in der Seele, der Mensch wird halt- und ziellos. Und letztlich unglücklich.

Das »Muss ich haben«-Phänomen, der virtuelle Sog, der mit dem ersten Chip in unser Leben Einzug gehalten hat, ist der direkte Weg ins Unglück. Es ist die Karotte, die sich der moderne Mensch selbst vor die Nase gehängt hat und der er nun in einem endlosen und hoffnungslosen Wettlauf hinterherhechelt. Das einzige Gegenmittel, das mir einfällt, ist, einfach mal eine Generation auszulassen und zu prüfen, was dann passiert. Ich habe es schon öfter probiert und kann Ihnen versichern: Es passiert nichts! Sie brauchen nicht jedes neue Betriebssystem, nicht jede neue Software, nicht jedes neue Format von irgendetwas, ja selbst ganze Generationen von Geräten können Sie schlicht überspringen. In fünf Jahren interessiert es keinen Menschen, ob Sie sich einen Blu-ray-Recorder zugelegt haben, weil dann längst das nächste Wunderwerk am Start steht. Und ob Sie einen MP3-Player mit 16 GB hatten, daran können Sie sich selbst schon nicht mehr erinnern, weil dann längst in jedem Handstaubsauber 64 GB stecken.

An dieser Stelle muss ich eine Lanze für meinen Sohn brechen: Er hat sich neulich für ein Handy ohne Fotoapparat entschieden. Ganz bewusst! »Mich stresst das einfach«, hat er gesagt, »dass man dauernd was Neues braucht. In der Schule haben sie jetzt alle schon iPhones. Ich komm mir da irgendwie ausgenutzt vor.« Heureka!, sprach mein Herz, der Apfel fällt halt doch nicht weit vom Stamm.

Gegendarstellung: Mein Vater erweckt den Eindruck, als sei ich ein Technik-Junkie. Das Gegenteil ist der Fall. Aus dem Zusammenhang gerissene Begebenheiten aus mehreren Jahren zeichnen ein völlig falsches Bild von mir. Ich lege Wert auf die Feststellung, dass ich ein sehr differenziertes Verhältnis zum technischen Fortschritt im Allgemeinen und zur Digitalisierung im Besonderen habe. Philip Montasser

Phantomschmerz
im elektronischen Zeitalter

Auch dieses Buch entstand auf einem Computer. Und als hätte es der Allmächtige gesehen und beschlossen, mir eine Lehre zu erteilen, tat er, was er immer tut, wenn er mitbekommt, dass ich einen ungezwungenen Umgang mit digitalen Lebensformen pflege: Er schickte seinen Donnerstrahl dazwischen, und zwar in Form eines Zusammenbruchs meines elektronischen Werkzeugs. Diesmal hat er eine subtile Form der Sabotage angewandt, indem er nämlich mein Notebook zu schubweisem Siechtum und anschließendem promptem Exitus verurteilte: Zuerst verblasste der Bildschirm, dann durchfuhren ihn unkontrollierbare, unregelmäßige Zuckungen, die jedes Manövrieren unmöglich machten (und hätte ich nicht noch ein paar funktionierende Tastenkombinationen aus der Frühzeit von »Word« drauf, dann hätte ich vieles nicht mehr retten können), um schließlich den totalen Stillstand zu inszenieren, als ginge es darum, mir meine Begrenztheit aufzuzeigen und mich für den Frevel zu bestrafen, dass ich den Computer benutze, um denselben zu beschimpfen.

Nun, ich habe meine Strafe hinter mich gebracht und darf mithin noch viel beherzter auf den Digitalismus schimpfen. Vor allem habe ich jetzt noch mehr Anlass dazu. Denn das Ableben meines Notebooks hat mir wieder vor Augen geführt, für wie dumm uns die Computerindustrie hält und wie brav wir dabei mitspielen! Vermutlich ist es kein Zufall, dass der Berater, der mir den Nachfolgercomputer verkauft hat, Hiob heißt.

Ich werde also vorstellig mit dem Anliegen: »Ich hätte gern ein Notebook ohne viel Schnickschnack zu einem vernünftigen Preis-Leistungs-Verhältnis.«

»Was wollen Sie denn damit machen?«, fragt er mich. Und ich erkläre: »Gut, dass Sie fragen, ich möchte nämlich keinen von diesen Analphabeten-Computern, auf denen lauter Programme sind, die auf Reeperbahn machen, sondern einen, der klar und übersichtlich ist.« Und weil er mich gar so verständnislos ansieht, schiebe ich nach: »Ich brauche das Ding eigentlich bloß für Textverarbeitung. Und mit dem ganzen Wirrwarr von Buttons und Icons und so weiter sehe ich auf dem Bildschirm gar nichts mehr. Ich möchte am liebsten gar nichts darauf haben, was mich von meinem Text ablenkt. Und Computerspiele interessieren mich überhaupt nicht.«

Okay. Ich bin ein Fossil. Herr Hiob sieht mich an, als gehörte ich auf die Dinosaurierinsel von *Lost World*.

Aber weil er ein freundlicher Mann ist und weiß, wie man Kunden behandelt, geht er auf mich ein: »Da kann ich Ihnen den empfehlen«, sagt er und legt die Hand auf ein Gerät mit quietschgrüner Oberfläche. »Den gibt es übrigens auch in Blau, Schwarz und Pink.«

»Aha. Und was kann er?«

»Alles, was Sie brauchen. Der hat einen Intel Core i3-330M-Chip mit 2,13 Gigahertz Speicherkapazität, einen 15,6-Zoll-WXGA LED-Bildschirm, 4 Gigabite DDR3 Arbeitsspeicher, 320 Gigabite Serial ATA Festplatte, ATI Mobility HD4570 Nuschelnuschel, 512 Megabite Wasweißich, eine Webcam mit 2 MP, natürlich ein DVD-Laufwerk R und RW, WLAN, Gigabite LAN, Bluetooth, e-SATA, Firewire, außerdem einen 6-Zellen-Li-Ionen-Akku ...«

»Aha.« Ich betrachte das Ding jetzt mit anderen Augen. »Sieht aus wie die anderen.«

»Ist aber mein Bester!« Sachtes Klopfen auf die Bildschirmkante. »Kann ich absolut empfehlen.«

»Und die Software?«

»Da haben Sie alles drauf, was Sie brauchen.«

»Ja?«

»Ja! Der ist mit Windows 7 Home Premium.«

»Der letzte war mit Vista.«

»Stimmt. Aber das war schlecht.«

»Haben Sie mir aber verkauft.«

»Die haben alle immer das Gleiche drauf.«

»Der davor hatte Windows XP.«

»Das war besser.«

»Und Windows 7?«

»Ist auch wieder besser.«

»Besser als XP?«

»Nein. Besser als Vista.«

»Und warum ist man dann nicht gleich bei XP geblieben?«

»Die Dinge entwickeln sich halt weiter.«

»Die entwickeln sich von selbst?«

»Das natürlich nicht.« Er überlegt, ob ich statt auf die *Lost-World*-Insel nicht eigentlich doch lieber gleich in die Klapse gehöre. »Das machen die Programmierer.«

»Und warum machen sie es, wenn etwas doch eigentlich gut ist?«

Herr Hiob hebt hilflos die Hände. »Und? Wollen Sie ihn?«

»Gibt es eine Alternative?«

»Klar«, sagt er. »Dieser hier. Oder der. Ist auch sehr gut. Vor allem, wenn Sie gamen.«

»Die haben aber auch alle Windows 7 drauf.«

»Klar.«

»Also gibt es keine Alternative.«

»Nein. Dazu nicht.«

»Wissen Sie, ich hatte da ein E-Mail-Programm, das mir sehr entgegengekommen ist. Ist das da auch drauf, oder kann ich das dazukaufen? Outlook Express.«

»Nein, das läuft auf Windows 7 nicht mehr.«

»Aber ich kann es doch darauf speichern.«

»Könnten Sie vielleicht. Gibt es aber nicht so zu kaufen.«

»Sondern wie?«

»Das gab's nur in Kombination mit Windows XP.«

»Dann geben Sie mir doch einfach XP dazu – und Outlook Express.«

Herr Hiob seufzt tief, guckt verstohlen auf die Uhr. »Das kann ich leider nicht. Die neuen werden alle nur mit Windows 7 verkauft.«

»Haben Sie denn noch einen alten da?«

Haben Sie denn noch alle Tassen im Schrank?, scheint sein Blick zurückzufragen. Inzwischen ist er vermutlich überzeugt, dass das ein Film für die Versteckte Kamera wird. Jedenfalls bleibt er freundlich. »Nein, leider nicht.«

»Also habe ich keine Alternative«, stelle ich fest.

»Ähm, nein, so gesehen haben Sie keine.« Er räuspert sich. »Und? Nehmen Sie ihn?«

»Ich will das zwar alles nicht, und es macht mich gar nicht glücklich, aber da ich keine Alternative habe, nehme ich ihn.«

»Gratuliere!«, sagt Herr Hiob. Und nur weil ich vermute, dass er das immer sagt, bin ich bereit, es nicht für zynisch zu halten.

»*Ich* gratuliere *Ihnen*«, stelle ich richtig. Und also trage ich die Schachtel zur Kasse, einen neuen Computer von dannen – und das alles mit so viel Fassung wie möglich.

Die ist auch nötig, denn wie immer stellt sich heraus, dass alles anders ist als bisher. Die Software gibt es längst nicht mehr auf Datenträger, sondern sie muss aus dem Internet downgeloaded werden. Zustimmen, registrieren, weiter – weiter – weiter – zustimmen – weiter – registrieren – ausfüllen … Je mehr sich Ämter und Behörden um Kundenfreundlichkeit bemühen, umso mehr tritt die Computerindustrie an ihre Stelle: Überall heißt es anstehen, legitimieren, selber machen.

Seit ich mir den zweiten Computer gekauft habe, geht das nun so: Alles das, was funktioniert und womit man vergleichsweise gern gearbeitet hat, wird »verbessert« oder ganz durch etwas Neues ersetzt. Alles, was danach kommt, ist unübersichtlicher, bunter, größer, kurz: für Doofe. Früher hatte man einen Bildschirm vor sich, und auf dem Bildschirm war Text. Heute ist es ein riesengroßes Durcheinander, das versucht, so cool wie möglich zu sein und dabei eines zu vermeiden: Text. Ich versuche ja schon, möglichst wenig Krempel auf meiner Bildschirmoberfläche herumschwirren zu haben. Dennoch ist sie bevölkert von Bildchen, die für etwas stehen, meist für ein Programm, von dem ich nicht mal weiß, wozu es gut sein soll. In der Regel klicke ich auf drei davon: eines für die Textverarbeitung, eines für die Mails und eines für das Internet. Reicht das nicht? Computer sind so oberschlau – warum können sie den Rest nicht einfach von allein erledigen?

So oder so: Es ist ein ewiges Getriebenwerden des harmlosen Kunden. Zehntausende von Programmierern arbeiten an nichts anderem als daran, uns immer neue Programme aufzuzwingen, die ihrerseits immer größere Computerkapazitäten benötigen, was uns dazu verdammt, immer leistungsfähigere Computer anzuschaffen, auf denen dann immer schon die nächste Software installiert ist, die wir zwar nicht brauchen, die aber die alte, an die wir uns mühsam gewöhnt haben, ablöst. Und so geht das Rechnergeneration um Rechnergeneration. Der digitale Schrott, den wir dabei erzeugen, würde ausreichen, das *Krieg-der-Sterne*-Set in vermeintlicher Originalgröße nachzubauen. Es ist ein ungeheurer Raubbau an Ressourcen – und zwar sowohl materiellen als auch geistigen. Denn ich könnte mit meiner Geistesleistung definitiv Besseres anfangen, als alle drei Jahre einen Haufen neue Anwendungen notdürftig und vor allem sehr aufwendig zu erlernen. Und ich bin sicher, dass das vielen Menschen so geht. Sogar solchen, die sich dessen nicht bewusst sind. Darum: Wie wäre es, wenn die Computergroßmächte mal ein Waffenstillstandsabkommen unterzeichnen und festlegen würden, dass sie einvernehmlich die nächste digitale Aufrüstungsrunde ausfallen lassen? Es wäre ein Gewinn für die Welt!

215

A-na-log

Asche auf mein Haupt. Ganz bestimmt wird mir von den Technikgläubigen unter den Lesern und von den berufsmäßigen Optimisten ebenso wie von den berufsmäßigen Nörglern vorgeworfen werden: »Montasser wirft wahllos mit Begriffen wie digital, elektronisch oder cyber um sich. Was er damit im Einzelnen meint, bleibt vielfach nebulös. Im Grunde ist es vor allem ein diffuser Unmut über die modernen Zeiten, den er sich vom Leib schreibt, bereit, jede noch so fadenscheinige Kompetenz zu bemühen – am liebsten solche, die sich nicht wehren können.«

Und Recht hat er, der Rezensent! Dabei übersieht er natürlich, dass man ein solches Buch immer auch vom Zweck her betrachten muss. Nicht, dass der jedes Mittel heilige. Aber Zweck der Übung ist es, eine kursorische Betrachtung anzustellen, einen Zusammenhang zwischen den Anforderungen der Gegenwart an den Menschen und den Ansprüchen des Menschen an ein glückliches oder wenigstens erfülltes Leben. Zweck ist es, das Gute im Einfachen und die Gefahren im Komplexen zu erkennen. Natürlich kann man sagen, wenn solche Generalkritik sich durchgesetzt hätte, wären wir heute noch in der Steinzeit. Und auch wenn sich diese Behauptung mit dem gleichen Argument abschießen lässt wie oben beschrieben (weil wir sonst nämlich gar nicht in der Steinzeit angelangt, sondern bestenfalls zum Homo erectus mutiert wären), so kann man doch kaum behaupten, dass die Welt heute ohne Autos schlechter dastünde. Oder ohne Flugzeuge. Anders ja. Aber schlechter? Nein, das doch nicht notwendig.

Der Punkt ist, dass es unterschiedliche Entwicklungen gibt, die die Welt nehmen kann. Jeden Tag aufs Neue. Und in manchen Zeiten sind diese Unterschiede gravierender als in anderen. In einer solchen Zeit gravierenden Umbruchs leben wir heute. Die Art und Weise, wie wir leben, hoch individualisiert und – zumindest in der westlichen Welt – überwiegend im Wohlstand, ermöglicht uns allerdings, uns auch ein klein wenig anders zu entwickeln als die Masse. Keiner von uns *muss* einem Social Network angehören, keiner *muss* seine Musik vom MP3-Player hören. Niemand wird gezwungen, Schach nur noch am Computer zu spielen oder Bücher nur noch am Bildschirm zu lesen.

Wenn ich mir berufen das Wort »digital« erklären lassen will, dann sollte ich vermutlich in Wikipedia suchen, dem Massenkompetenz-Zuhause der Computergemeinde. Dort heißt es:

Digital (v. lat. *digitus*, »Finger«) bezeichnet
- »den *Finger* betreffend«, »mit dem Finger«
- wert- und zeitdiskrete Signale, siehe *Digitalsignal*
- die *Anzeige* eines Messinstrumentes (beispielsweise einer Uhr) mittels Ziffern
- »computergestützt« oder »mit *Computer* erstellt«

Ich gebe zu: So aus dem Stegreif versteht das ein altmodischer Mensch wie ich nicht. Wert- und zeitdiskret? Das ist die Sprache der Nutzerhandbücher, an der ich so lange verzweifelt bin, bis irgendwann die Computerindustrie zu der Erkenntnis gelangt ist, dass man das Zeug eigentlich gar nicht braucht, sofern die Maschine von allein funktioniert. Seither tut sie das (mit regelmäßigen Ausnahmen) – und ich habe seit Jahren kein Usermanual mehr zur Hand genommen. Vermutlich trifft es »computergestützt« oder »mit dem Computer erstellt« ohnehin eher. Sehr bedenklich allerdings, dass es etymologisch unstreitig von »mit dem Finger« oder »den Finger betreffend« kommt. Und der Computer ist nun mal kein Finger. Wer also immer der Ansicht ist, hier würde ungenau mit Begrifflichkeiten um sich geworfen, der möge sich die Gegenfrage gefallen lassen: Gibt es hier überhaupt eine Begriffsgenauigkeit?

Konkreter hilft uns an dieser Stelle weiter, was die Wiki-Gemeinde zum Thema »Digitalisierung« gedichtet hat:

Der Begriff **Digitalisierung** bezeichnet die Überführung kontinuierlicher Größen in abgestufte (diskrete) Werte als *Binärcode*, meist zu dem Zweck sie zu *speichern* oder elektronisch in der EDV oder IT zu verarbeiten.

Dies geschieht in erster Linie durch *Abtastung (Rasterung)* und *Quantisierung*.

Und das ist das Thema dieses Buches: Die Zerstückelung unserer Welt und unseres Lebens durch die moderne Technik. Alles wird in immer kleinere Einheiten zerhackt, mit annähernd Lichtgeschwindigkeit um den Globus, in den Orbit und wieder zurück geschickt, trifft in immer höherer Frequenz wieder und wieder bei uns ein und nimmt uns am Ende seelisch so auseinander, als wären wir selbst digitalisiert worden. Wann, das wird vielleicht die entscheidende Frage an die Schwelle von Science-Fiction und Big Business sein, wird der Mensch in seinem Denken endlich binär umprogrammiert. Wenn wir alle alles nur noch als 0 oder 1 denken, als 1 oder 0, dann wäre ja auch das »Umdenken« in die elektronische Welt viel einfacher, wir wären sozusagen zu hundert Prozent mit unseren Computern kompatibel. Auch das Lernen müsste im Grunde viel einfacher sein (indem man nämlich schlicht ein paar Millionen Megabite Informationen auf die Festplatte unter unserer Schädeldecke spielt). Geistige Beeinträchtigungen ließen sich durch jeden versierten Programmierer schnell und schmerzlos beheben, psychische erst recht (rufen Sie in einem solchen Fall aber keinesfalls meinen Spezialisten an, wenn Sie nicht endgültig in der Klappe landen wollen).

Wer das für Spinnereien eines krankhaft Technophoben oder eines verschrobenen Romantikers hält, möge sich vor Augen führen, dass in diesen Tagen der modernen Biologie erstmals gelungen ist, Leben im Labor zu erzeugen – und dass vor hundert Jahren der Gedanke, man könne Menschen auf den Mond schicken oder an jeder Straßenecke chinesisch essen gehen, nicht weniger wirklichkeitsfremd und bizarr erschienen sein muss. Längst nutzt die Medizin elektronische Impulse auf unser Gehirn, um Störungen zu beseitigen (früher war es umgekehrt: Da nutzte man nur das Gehirn, um elektronische Störungen zu beseitigen), der implantierte Chip ist bereits Realität. Die Biochemie und die Nanotechnologie schließen Lücke um Lücke in der Symbiose zwischen Mensch und Maschine. Der Fortschritt erzielt Tag für Tag Großes für die Menschheit. Was Wissenschaftler heute schaffen, wäre vor wenigen Generationen noch für ein Wunder erachtet worden. Der Computer trägt seinen wesentlichen Teil dazu bei.

Und wir? Wir profitieren, indem wir künstliche Gliedmaßen bewegen können, als wären es unsere eigenen – oder die eigenen, als hätte uns Parkinson nicht fest in seinem eisernen Griff. Einerseits. Andererseits erhöht die Technik auch die Gefahr, unser angeborenes Streben nach Fortschritt zum Fluch der Perfektion werden zu lassen. Wer wird in Zukunft noch eine Brille tragen, wenn er sich die Augen »lasern« lassen kann? Wer wird zu seinen natürlichen Grenzen stehen, wenn er sie durch Gehirndoping erweitern kann? Irgendwann wird auch der letzte Busfahrer sich dem Diktat des Marktes beugen und sich einen Chip implantieren lassen, der seine Konzentrationsfähigkeit um Stunden steigert, und auch der letzte Fischer wird mit Sonargeräten fischen, damit er nicht der ist, dem der letzte Fisch vor der Nase weggefischt worden ist. Wir werden unsere Hunde mit Ortungsgeräten versehen und in Städten leben, die nach wirtschaftlichen Interessen bestimmen, wann es bei ihnen Tag und Nacht ist. Es ist das Prinzip von An und Aus: die binäre Welt.

Don't beam me up, please!

War sie nicht schön, die gute alte Welt, in der ein Telefon noch ein Telefon, ein Bild noch ein Bild und ein Brief noch ein Brief war? In der man den Postboten noch mit Namen kannte und Adressbücher nicht »verwalten«, sondern bloß führen und benutzen musste? In der sich die Kinder auf »Wickie« freuten und nicht auf »World of Warcraft« und die Erwachsenen noch miteinander ins Bett gingen statt ins Netz? In der ein Chat noch Gespräch hieß und Surfen noch etwas für unerschrockene Wasserfans war?

Die Digitalisierung hat unser ganzes Leben verändert, sie hat alles durchdrungen, mehr als die meisten von uns sich vorstellen können, sie hat klein gemacht, was einst groß war, und groß, was wir für klein erachteten. Sie hat die Welt in unsere Häuser gebracht und sie gleichzeitig weit von uns entfernt. Wir gehen immer weniger vor die Tür, aber immer häufiger ins Netz. Und diese Formulierung, die wir so häufig benutzen, ist sinnbildlich für das, was passiert ist: Wir sind der Digitalisierung ins Netz gegangen. Wir haben uns fangen lassen von einer Scheinwelt, die uns immer stärker fordert und vereinnahmt, die uns Geschwindigkeit bringt und am Ende doch Zeit kostet. Zeit, die uns für das fehlt, was die digitale Welt nicht ist: Leben.

Es war natürlich nicht alles schöner und besser, als wir noch analog lebten. Aber es war echter. Wirklicher. Weniger Schein und mehr Sein. Das Tempo war von menschlicherem Maß. Wir haben unsere Welt gestaltet, nicht die Welt uns.

Die digitale Welt treibt uns vor sich her, sie jagt uns durch unser Leben und macht uns zu ihrem Sklaven. Währenddessen preisen ihre Handlanger und Profiteure ihre seligmachenden Vorzüge, meist ohne zu sagen, worin genau diese liegen sollen. Aber die Forderung »Ein Internetanschluss in jedem Klassenzimmer!« gilt als legitime Aussage. Und selbst der gelegentlichen Forderung »Jedem Kind ein eigenes Laptop!« wird kaum widersprochen. Im Gegenteil: Es gilt mittlerweile als Entwicklungshilfe, Menschen in den entlegensten Winkeln der Welt, denen es an wichtigen Kulturgütern und oft auch am Nötigsten zum Leben fehlt, mit Computern und Handys zu beglücken. Es ist dies freilich nichts anderes als eine besonders perfide Form des Kulturimperialismus. Denn während es in früheren Jahrzehnten oft »nur« darum ging, den vermeintlich weniger entwickelten Völkern die Errungenschaften des modernen Westens zu eröffnen, geht es heute darum, das dumme Vieh für die nächsten Generationen heranzuzüchten, wenn es Nachschub für die digitale Hatz braucht.

Vermutlich wird in zwei, drei Jahrzehnten so mancher Internetmultimillionär seiner armen, aber glücklichen Kindheit im indischen Hinterland oder in den Weiten der chinesischen Steppe nachtrauern, während unsere Kinder dazu schon gar nicht mehr die Möglichkeit haben. Denn viele von ihnen haben weder eine arme noch eine glückliche Kindheit. Sie verpassen sie, weil sie niemals Anker werfen konnten in der digitalen Welt. Und so setzen wir sie tagtäglich vor eine Kiste, die ihnen die Welt vorgaukelt, statten sie aus mit mobilen Kontrollgeräten, die sich als Telefone tarnen und sperren sie ein in eine digitale Scheinwelt, deren wesentliche Errungenschaft im Zerstückeln liegt. Im Zerstückeln von Bildern, Tönen und Informationen aller Art. Ist es ein Wunder, dass dabei oft auch das Leben immer mehr zerstückelt wird?

Ja, und da sitzen wir also gemeinsam am Esstisch und diskutieren das Für und Wider des Beamens im Allgemeinen und des Beamens von Menschen im Besonderen. Worum geht es? Eine schlaue Maschine transportiert den Menschen Teilchen für Teilchen von A nach B und setzt ihn dort wieder genauso zusammen, wie er vorher war. Wenn alles gutgeht. Das Ergebnis: Der Mensch kann in unvorstellbar kurzer Zeit unvorstellbar weite Strecken überwinden, ohne sich dazu irgendwelche Mühe geben zu müssen.

»Ganz abgesehen davon, dass ich mir nicht gern Dinge vorstelle, die unvorstellbar sind«, erkläre ich meinem

Sohn, »glaube ich nicht, dass es jemals funktionieren wird. Jedenfalls nicht so, wie du es dir denkst.«

»Wieso? Forscher in der Schweiz haben bereits Elektronen über eine Distanz von mehreren Metern transportiert. Als Nächstes werden sie das mit Protonen machen. Dann ist es nur noch eine Frage der Zeit, bis sie es mit ganzen Atomen schaffen. Am Massachusetts Institute of Technology in Cambridge gibt es eine Gruppe von Wissenschaftlern, die sich nur damit beschäftigt nachzuweisen, dass der unkörperliche Transport …«

»Gut«, gebe ich zu. »Mag ja sein, dass man eines Tages Teilchen von hier weg und dorthin zaubern kann. Das finde ich beeindruckend. Vielleicht schafft es die moderne Technik dann auch, den Bauplan zu beamen und wieder ein Atom daraus zu machen. Und wenn sie das mit einem Atom schafft, dann schafft sie es irgendwann auch mit einem ganzen Haufen von Atomen. Das wird die unbemannte Raumfahrt revolutionieren. Das Transportwesen. Die Architektur. Vielleicht wird man Fische aus dem Meer direkt in die Pfanne beamen können und damit die Fischvergiftung vollständig ausrotten und das Beifangproblem lösen. Pipelines werden überflüssig, und das Müllproblem wird endgültig auf dem Mars gelöst. Aber Menschen, mein Lieber, Menschen wird man trotzdem niemals beamen können.«

»Und warum nicht?«

»Weil du vielleicht jedes einzelne Atom zerlegen und in Echtzeit wieder zusammensetzen kannst. Vielleicht steckt sogar der Ring am richtigen Finger und die Zahnimplantate an der richtigen Stelle. Aber eines wirst du nie beamen können: die Seele. Denn wenn du den Menschen erfolgreich gebeamt hast, dann sieht er zwar aus wie vorher. Aber er ist tot.«

Ja, so wird es gehen mit dem Beamen. Denn so geht es ja letztlich mit der ganzen Digitalisierung, egal ob bei den Bildern oder der Musik, beim elektronischen Schrift-, Zahlungs- oder Geschlechtsverkehr, beim E-Book, beim E-Ticket oder beim E-Pass. Es ist alles noch da. Die Worte. Die Eintrittsberechtigung. Die Legitimation. Nur die Seele, die ist auf der Strecke geblieben. Deshalb: »Don't beam me up, Monty. Please!«

Und jetzt sind Sie dran

Halten wir an dieser Stelle mal einen Moment inne. Sie haben jetzt eine Menge über meine Familie erfahren und über die kulturellen Differenzen vor allem zwischen den Generationen. Aber schauen wir uns doch mal Sie an. Sie machen es sich ja leicht. Sitzen da, lesen recht schlau dieses Buch, leisten sich ab und zu mal einen Schmunzler, halten mich für einen hoffnungslosen Übertreiber, der für jede halbe Pointe seine Tochter verkauft. Aber was ist mit Ihnen? Klar, Sie fühlen sich schon auch gelegentlich ertappt. Sie stimmen mir auch in vielerlei Hinsicht zu – aber ändert sich dadurch etwas für Sie? Nachher werden Sie doch wieder in die Mails gehen, ihren nächsten Hotelaufenthalt werden Sie sich aus dem Internet suchen, und ganz sicher werden Sie nicht in den Plattenladen gehen und nach einer Vinylscheibe fragen, wenn Ihnen der nächste Hit von Amy Winehouse gefällt. Sie sind auch ein Technikopfer, ein digitaler Sklave. Und selbst jetzt, da Sie so viele kritische Überlegungen über die elektronifizierte Welt gelesen haben, ist Ihnen nicht wirklich bewusst, wie weit es schon mit Ihnen gekommen ist. Deshalb analysieren wir jetzt mal, wie es um Ihr analoges Leben steht. Nehmen Sie einen Stift zur Hand und kringeln Sie den Buchstaben ein, der die für Sie zutreffende Antwort kennzeichnet:

1. Wann haben Sie zum letzten Mal einen handschriftlichen Brief verfasst? Seien Sie ehrlich!
   (p) heute   (w) kürzlich   (t) ist schon länger her

2. Wann haben Sie zuletzt eine Schallplatte (keine CD) abgespielt?
   (r) vor längerer Zeit   (e) heute   (u) kürzlich

3. Wann haben Sie zuletzt ein Musikinstrument gespielt? (Auch Sie haben vermutlich irgendwann Blockflöte gelernt, dies nur zur Erinnerung.)
   (r) heute   (e) kürzlich   (a) ist schon länger her

4. Wie oft gehen Sie ins Internet?
   (u) täglich (r) alle paar Tage (f) selten

5. Kaufen und benutzen Sie noch Kleinbildfilme?
   (e) ja, immer   (d) ab und zu/selten   (r) nie

6. Haben Sie ein Handy?
   (i) ja   (k) nein   (i) nicht mehr

7. Wo sind Sie öfter?

(g) im Internet   (t) im Wald   (g) beim Shoppen

Und jetzt schreiben Sie die Buchstaben mal hierhin:

− − − − − − −

Das sollte Ihnen zu denken geben. Und Sie zum Handeln auffordern! Nehmen Sie sich doch mal was vor. Werden Sie doch mal aktiv. Es ist ja nicht so, dass wir alle dazu verurteilt wären, ein digitales Sklavenleben zu führen. Nehmen Sie sich zum Beispiel vor, heute noch einen handschriftlichen Brief zu verfassen. Was da drin stehen soll? Nun, wenn Ihnen niemand einfällt, für den ein handschriftlicher Geschäftsbrief nicht aussieht wie eine Botschaft aus der Welt der Sonderlinge, dann schreiben Sie doch mal wieder einen Liebesbrief. Falls es dafür keinen geeigneten Adressaten gibt, dann wäre auch eine hübsche Einladung an die Nachbarn eine Überlegung wert:

Liebe Sonja, lieber Fritz,
mögt Ihr nicht nächsten Sonntag um 15.00 Uhr zu
mir zum Kaffee kommen? Ich freue mich auf Euch!
Liebe Grüße, Euer Bernhard

Als Nächstes kleben Sie einen Zettel auf den Computer. Auf diesem Zettel steht: »Jetzt rausgehen!«

Und wenn Sie das nächste Mal an den Computer treten, dann halten Sie sich einfach daran. Das Wetter ist miserabel? Es ist schon spät am Abend? Wunderbar! Das ist der Zweck der Übung: echtes Leben leben! Dazu ist ein bisschen Regen, ja, am allerbesten ein Sturm, geradezu genial gut geeignet. Und mal rauszugehen zu einer Zeit, zu der Sie sonst immer zu Hause sitzen (und vermutlich an der doofen Kiste hängen), ist doch auch viel interessanter.

Jetzt die schwerste Übung: Schalten Sie Ihr Handy ab. Das funktioniert! Sie müssen es nicht ständig bei sich tragen, Sie müssen nicht immer und überall erreichbar sein. Das müssen Sie doch? Wenn Sie das glauben, dann gilt diese Erkenntnis für Sie am allermeisten! Probieren Sie es aus. Gehen Sie einfach mal einen ganzen Tag lang nicht an Ihr Mobiltelefon – schalten Sie es gar nicht erst ein. Und schauen Sie um Himmels willen nicht am Abend nach, was alles gewesen wäre. Das ist die dümmste Falle, in die Sie tappen können.

Ich saß kürzlich mit einer bekannten Nachrichtenredakteurin zusammen und fragte, wie der Urlaub gewesen sei: »Wunderbar!«, sagte sie. »Ich war zehn Tage auf einem Schiff im Pazifischen Ozean vor der chilenischen Küste. Da funktioniert kein Handy, und es gibt kein Internet. Zehn Tage war ich nicht erreichbar. Nur für den absoluten Notfall gab es eine Funkverbindung mit dem Schiffsfunker, aber die hat natürlich niemand genutzt. Als ich zurückgekommen bin, war Horst Köhler zurückgetreten und auch sonst einiges passiert. Ich habe mich in meinem Leben noch nie so gut erholt wie auf diesem Schiff. Nur das Meer, das vor dir liegt, nur die Wellen.

Keine Anrufe. Keine Nachrichten. Keine Anfragen ...«
Also, wenn diese bekannte Journalistin das kann, dann
können Sie es doch auch, oder? Noch dazu, wenn Sie
sonst auf die Annehmlichkeiten der Zivilisation nicht
einmal verzichten müssen!

Was Sie auch einfach mal weglassen sollten, falls Sie
auch damit schon verseucht sind, ist der MP3-Player.
Wenn Sie Ihre eigene Stimme nicht (singen) hören wollen, was ja eigentlich am allerschönsten wäre, dann lauschen Sie einfach mal Ihrer Umwelt. Es muss nicht immer Vogelgezwitscher sein: Das Leben ist nicht nur
interessant, es klingt auch interessant. Wer immer die
Stöpsel im Ohr hat, für den kann bewusstes Hören wie
Sehen für einen Blinden sein.

Versuchen Sie einfach mal, einen Tag lang die digitale
Welt aus Ihrer Welt auszusperren. Sie werden feststellen,
dieses Weniger bringt auch ein Mehr. Und Sie werden
feststellen, wie umfassend Sie die Digitalisierung schon
bestrickt hat. Am schönsten aber wäre es, Sie würden bei
diesem Experiment feststellen, wie schön das Leben
doch auch ohne diesen ganzen technischen Firlefanz ist.
Gerade ohne ihn! Trauen Sie sich ruhig zu, das mal aus-
zuprobieren.

»Andre Zeiten, andre Vögel«

»Wo des Himmels, Meister Ludwig,
Habt Ihr all das tolle Zeug
Aufgegabelt?« Diese Worte
Rief der Kardinal von Este,

Als er das Gedicht gelesen
Von des Rolands Rasereien,
Das Ariosto untertänig
Seiner Eminenz gewidmet.

Ja, *o Leser,* alter Freund,
Ja, ich seh um deine Lippen
Fast dieselben Worte schweben,
Mit demselben feinen Lächeln.

Manchmal lachst du gar im Lesen!
Doch mitunter mag sich ernsthaft
Deine hohe Stirne furchen,
Und Erinnrung überschleicht dich: –

»Klang das nicht wie Jugendträume,
Die ich träumte *auf dem Boote,
Beim Spazierngehn, händchenhaltend,
Unterm Blätterdach der Bäume?*

Ist das nicht das fromme Läuten
Der verlornen *Mußezeiten?*
Klingelt schalkhaft nicht dazwischen
Die bekannte Schellenkappe?

Wahnsinn, der sich klug gebärdet!
Weisheit, welche überschnappt!
Sterbeseufzer, welche plötzlich
Sich verwandeln in Gelächter! ...«
(...)
Andre Zeiten, andre Vögel!
Andre Vögel, andre Lieder!
Welch ein Schnattern, wie von Gänsen,
Die das Kapitol gerettet!

Frei nach Heine – ein paar Verse habe ich umgedichtet
– finde ich meine schlichten Erkenntnisse in dem wundervollen *Atta Troll – Ein Sommernachtstraum* in Caput
XXVII wieder und muss feststellen: Meine Sorgen und
Nöte mit der modernen Zeit sind nicht neu, sie wiederholen sich, so wie sie sich vermutlich auch für Heine
schon wiederholt haben. Immer ist das Neue die Herausforderung einer Generation. Und auch wenn ich
glaube, dass die heutige Herausforderung in ihrer Quan-

236

tität sowie in ihrer Qualität eine nie dagewesene Dimension erreicht hat, so schöpfe ich doch Hoffnung aus Heines heiterem Abgesang:

> Ja, mein Freund, es sind die Klänge
> Aus der längst verschollnen Traumzeit;
> Nur dass oft moderne Triller
> Gaukeln durch den alten Grundton.
>
> Trotz des Übermutes wirst du
> Hie und dort Verzagnis spüren –
> Deiner wohlerprobten Milde
> Sei empfohlen dies Gedicht!
>
> Ach, es ist vielleicht das letzte
> Freie Waldlied der Romantik!
> In des Tages Brand- und Schlachtlärm
> Wird es kümmerlich verhallen.

Und doch: Wenn ich bemerke, welche vielversprechenden, begabten jungen Menschen trotz des digitalen Terrors ringsherum aufwachsen, wenn ich sehe, wie sie gedeihen und durch ihre Kraft und ihre Leidenschaft die Welt befruchten, dann habe ich doch Hoffnung, dass auch dieser Sturm die Menschen nicht ihre Menschlichkeit kosten wird und dass es ein lebenswertes Leben auch in Zukunft geben wird. Meine Enkel, meine Urenkel, die ich hoffentlich einst zahlreich haben werde, werden bestimmt wundervolle Menschen sein, denen echte

Werte und echtes Leben lieb und teuer sind und die ihren Vorfahren mit Stolz und Freude erfüllen werden. Gleichwohl: Ich sorge mich um sie. Werden sie eine Kindheit genießen können, die noch eine Kindheit ist? Werden sie Familien gründen können, die noch Familien sein dürfen? Werden sie Freunde haben, die noch echte Freunde sind? Ich hoffe es.

Weltuntergangsvoraussagen haben ja traditionell den Vorzug, sich als falsch zu erweisen. Meine Sorge (und auch der Entschluss, diese Gedanken niederzuschreiben) begann zu wachsen, als ich sah, was alles ich schon hinter mir zu lassen im Begriff war. Nach der Geburt unserer jüngsten Tochter durfte ich einige Monate die Vormittage mit ihr verbringen. Wir waren oft und lange draußen – und ich habe nach vielen Jahren zum ersten Mal wieder gesehen, wie schön ein Frühling, ein Sommer, ein Herbst, ein Winter ist! Wie viele wunderschöne Tage es gibt auf diesem Planeten. Wie eine Wiese sich im Jahreskreis verändert. Wie viele Tiere immer noch in unseren Breiten frei und wild leben. Wie bezaubernd Blüten am Wegesrand sind, die man nie beachtet. Und wie schnell sich ein kleiner Mensch entwickelt. Ich habe Wolken studiert und die Zeichnung von Laubblättern, habe dem Kinderlachen und dem Klang von Wasser gelauscht. Habe Nonnen gegrüßt und mit Katzen gesprochen, mit meiner kleinen Tochter Kaninchen besucht, Steine gesammelt und Blumen gepflückt.

Als Heine sein Versepos schrieb, war die Zeit noch nicht verstrichen, in der man die völlige Stille der Natur erlauschen konnte, sich an verschwiegenen Plätzen zum Stelldichein treffen konnte, man auf freiem Feld sein Mahl genießen konnte und jeden Menschen, dem man auf dem Weg begegnete, grüßte, indem man den Hut zog und ihm einen schönen Tag wünschte. Aber Heine spürte, dass die Schäferidylle ein Relikt aus vergangenen Tagen war und dass die neue Zeit sie ein für alle Mal hinwegfegen würde. Wir Heutigen sind trotzdem ganz anständige Menschen geworden, auch wir haben noch Kultur und verstehen zu leben. So wird es gewiss auch bei unseren Enkeln und Urenkeln sein. Und doch: So wie wir die völlige Stille der Natur nicht mehr erlauschen können, werden sie vielleicht nicht mehr ein dickes Buch lesen oder sich gänzlich in ein Gemälde versenken können. Wir Heutigen haben Vieles verloren, was dem Menschen früher gewiss war und dadurch Sicherheit gegeben hat. Denken wir bei den Veränderungen, die wir ins Werk setzen, auch an jene, denen wir damit ebenfalls Unwiederbringliches nehmen! Das analoge Leben kann man nicht hoch genug loben. Ich glaube nicht, dass uns das digitale Leben mehr bringt, als es uns auf Dauer nimmt. Aber vielleicht bin ich ja auch einfach nur altmodisch. Oder, wie Heine dichtete:

Andre Zeiten, andre Vögel!
Andre Vögel, andre Lieder!
Sie gefielen mir vielleicht,
Wenn ich andre Ohren hätte!

ÜBER DEN AUTOR

© Daniel Hintersteiner

Thomas Montasser, Jahrgang 1966, ist seit über 20 Jahren als Literaturagent und Schriftsteller tätig. Er lebt mit seiner Frau und seinen drei Kindern in München, besitzt mehrere Computer, ein Handy, keinen MP3-Player, keine Spielkonsole, ist nicht bei Facebook und hat in seinem bisherigen Leben noch nie eine SMS geschrieben. Er lehrt an der Universität München und lernt im täglichen Leben – vor allem im analogen.